U0876304

武则天正传

林语堂◎著
张振玉◎译

凤凰出版传媒集团
江苏文艺出版社
JIANGSU LITERATURE AND ART PUBLISHING HOUSE

目录

目录

第一章

唐邠王

——一个见证人的自述

在过去数十年间，残杀纷乱，诡诈争夺，大唐皇室势将中道沦亡，真使人肝肠痛断。现在我（邠王守礼)决心把那些年间的回忆写出来。过了二十四年之后，现在在当今玄宗皇上御临之下，天下太平，万民安乐，我辈唐室王公才得重沐皇恩，再享荣华。我们这一些老一辈的人，亲身经过那些年月，真觉得往事如噩梦一场，几乎无法信以为真。许王素节之子堂兄郢国公璆也蒙上天嘉佑，得以幸全。在当年一次大屠杀当中，他父亲与先父同时遇难。璆为人仁厚，曾经帮助过很多王公的子孙。他也是早丧双亲，伶仃孤苦，饱受恐怖饥饿之苦，在中国南海之中，海南孤岛之上，在亚热带灌莽丛林内，徘徊踯躅，寂寞凄凉，心里时时觉得如罪人之子，姓名之上，也蒙羞带垢。他母亲和九个弟兄同日遇害，他自已和三个幼弟被放逐海外。近来他和我常把杯共坐，谈论惊人骇世的祖母则天武皇后。他对他父亲的所作所为极其仰慕，颇以为荣，正如我对先父一样。他父亲和先父贤王同时摄政在朝，都是当代通儒。学问地位有什么用呢？他父亲身受绞刑，先父被迫自缢身死。今日我俩追谈往事，正如舟子自海上惊涛骇浪中得幸归来，畅谈当时情况一样心情。

一个人怎样写自己的祖母呢？如果祖母是个娼妓怎么办？在皇室里，连当今皇上玄宗皇帝在内，虽然对祖母的子侄等我们不讳言他们的背逆，对祖母却不可出言不敬。说话的时候，有人偶尔提到祖母的名字，大家立刻肃静下来，因为她是我们的祖母。不过，我个人对这件事并不太拘谨，因为她是不是我的祖母，颇可怀疑。我颇为相信先父是武后之姊韩国夫人所生，不是武后生的，此点以后在书中交代。

现在，我必须说一下最近发生的一件事。人们都以为我有一种洞察先兆的能力。有一次在今年四月，天气晴朗干燥。玄宗皇帝的皇兄岐王来访，我微微觉得不舒适，心绪不畅快。我说："我敢说天要下雨了。"果然不错，才过了半天的工夫，天就变了，大雨倾盆，一下十几天。在另一次吃饭的时候，我向岐王说："不久天要放晴了。"当时天空没有一点儿放晴的样子。岐王不信我的话。我说："你相信吧，没有错儿。"第二天，果然雨止天晴。岐王告诉皇帝陛下，说我有未卜先知的能力，皇上问我是不是。

我说："我并没有道法仙术。只是年轻时在东宫幽禁的时候，一年之中总受武氏兄弟鞭打三四次。当时陛下年纪太小，还不记事。伤疤后来是好了，可是留下了病根儿。天气一变，就浑身彻骨疼痛。天要放晴了，我才觉得轻捷。不过如此而已。"我又补上一句说，"谢谢祖母老人家。"

空气立刻紧张起来。好像我有什么失礼之处似的。

我并不相信我们应当这么拘谨。皇上对我很恳挚，就跟对其他诸弟兄一样。当年就是玄宗皇上他本人带兵进宫，在突然袭击之下，结束了武氏乱政的残局，扑灭了余党。他内心何尝不深恨武懿宗、武三思？有一次，他十几岁的时候，被放出宫去祭谒太庙，他本人和随从都被武懿宗横加阻挡。那时武氏正权倾一时，气焰万丈。他当即怒斥武懿宗说："你好大胆！这是我们的祖庙，李家的祖庙！与你有什么相干？"但是现在他不愿我们提到祖母的事情。传统看法都认为祖先所作所为不会有过错——这又何必？不论如何吧，我若不把祖母武后她个人生活的或政治上的非常奇特的行为措施，和她那惊世骇俗的勋功伟业，坦白忠实地写出来，这种回忆录就根本不值一写了。

时代已经变了。武氏宗族已然过去，虽然仍为人所记忆，但已埋葬入土，长此已矣。当年一提到祖母，我们就心惊胆战。如今追忆当年，她只像一个势穷力蹙的魔鬼，已经消失不在了。有时候，她的暴乱奢侈，她的刚愎自用，看来甚至滑稽好笑。她爱生活，生活对她一如游戏，是争权夺势的游戏，她玩得津津有味，至死不厌。但是，到了终极，她所选择的游戏，并不很像一个顽强任性固执己见的妇人统治之下的一段正常的历史，倒特别像一出异想天开的荒唐戏。她当然是决心要做一个有史以来最有威权最伟大的女人。她之终于失败，绝不是她的过错，她的武家全族之中没有一个人有她一半的智慧，一半的个性，一半的才能。

现有我清闲无事，写下那些往事的回忆，正好使得我有事情做，这桩工作既是值得做的事，我又觉得胜任愉快。我相信对我一定很有益处。我当然不敢希望写出一部像先父编的那部详赡渊博的《后汉书注》，要藏之名山，传诸后人，我只盼望据实写出来我当年知晓的那些人的秘史和那些值得记忆的故事，尤其是我们皇家的情形。关于我自己的话，就此为止。

第二章

君子之泽，五世而斩

在大唐贞观二十三年（公元624年），在秀丽的终南山里，那苍松绿柏环绕的翠微宫里，先曾祖父太宗皇帝正在含风殿染病在床。那座行宫是祖父的避暑宫殿，和长安有一溪谷相通，溪谷之中，风光佳绝，清流横贯谷中，清澈见底，潺湲成韵，自山峦间泻下，流往长安南郊，南郊近珠江湖一带，别墅山庄，栉比鳞次。终南山再前行，并于峰峦嵯峨的太白山脉。但终南山在长安附近，高出长安约有一千尺，自为一平原，隐僻幽静，别成一天地。终南山这所行宫，构造简单，是一座农庄式的别墅，用一座旧宫殿拆下来的木材建筑。太宗皇帝一向作风如此。以大唐一代开国君王之尊，宫殿楼台，决不求其辉煌壮丽。自己居住在隋朝遗下的宫殿里，数处小补加修，已觉称心满意，因为他深知过去数十年中，兵连祸结，庶民饱受涂炭，贫困未苏，大兴土木，必增税收，并非造福百姓。在皇宫之中，他确曾饬建凌烟阁，但那是为了纪念二十四位开国功臣，因为他们多年保驾，东征西战，奠定邦国之基，使百姓重享太平之福。太宗皇帝极重道义，修建凌烟阁，纯粹是感念当年战场上的将士和友人。把诸功臣的肖像绘在凌烟阁上，一则借以庆重臣之功，一则借以志太宗自己的勋劳。

太宗皇帝两个月前染患痢疾，虽然有时显得轻些，但始终没有完全治好。全身精力似乎都已耗尽，现在虚软亏损已甚。他觉得大去之日已经为期不远了。

唐太宗李世民像
李渊称帝时，李世民封秦王，任尚书令。他擘画经营政事，统兵消灭各地割据武力，统一全国。公元626年发动玄武门之变，袭杀皇太子建成后即帝位。其在位二十三年，开创了历史上的“贞观之治”。

太宗皇帝今年五十二岁，不幸身染重病。因为身为武人，虽然年过半百，但素质极健壮，对猛将谋士真是深仁厚泽，为古今所稀有。太宗以天纵英才，领袖群伦，为人直爽而宽厚，臣子有过，必坦诚相告，自己有过，也命臣子力诤直谏。太宗御下，英才贤士，济济一时，刚毅廉直，尽于朝政。仁圣天子一片爱臣之心，文武百官无限敬君之意。不知为了什么，臣子虽众，竟觉得集众才于一身，也不及太宗皇帝之英伟睿智。太宗皇帝在战场之上，不避石矢烟尘之险，曾亲率大军远征高丽，又统帅诸将北征突厥，击溃突厥联军，西方拓边至土耳其斯坦，临近了里海。又曾遣将自北部进攻印度，迫使尼泊尔入贡天朝。太宗为人大公无私，平易近人。虽然虬髯如戟，可以悬弓，看来狰狞可畏，实则仁厚爱民，如葆赤子。即此一点爱民之心，就构成了辉映千古的大唐的力量。太宗皇帝深得民心，而人民对大唐皇室的效忠就招致了武氏梦幻的破灭。以上所述正好做本书后文的对照。

太宗一次驾临一所监狱，看见一些已经判决处死的囚犯。他问他们说："你们是不是愿意看看父母呢？"待决的囚犯狐疑不信。太宗说："我是你们的皇帝。我放你们回家。回家去看看你们的父母子女吧，明年秋天再来受刑。"

囚犯闻听，真是惊喜万分，都被释还家。次年秋季来临，又回监狱就刑。囚犯以为罪有应得，都乐于就死，无所怨尤。在当年，一个死因之定谳，要经过地方级三次审判，再上诉最高审判的大理寺，大理寺要与皇家的门下省的代表和中书省的代表共同审判。太宗皇帝之纵囚还家纯系一时的情感，自然不足为训。但是也可以说此等事不可无一，无须有二，正是太宗宽厚仁德的一股子真情。

太宗皇帝既已染病虚弱，于是想到继承大统一事。太子为晋王治，太宗驾崩后，即位为高宗。

在家庭方面，太宗皇帝并不幸运。一个心爱的好公主几年前死去，死时才三十六岁。太宗皇帝的文德长孙皇后真是贤德之至。每逢大臣直谏，触怒了太宗，她总是支持大臣，力陈大臣是忠君爱国，皇上应当察纳忠言。长孙皇后之兄长孙无忌，虽然是太宗的良臣谋士，皇家的肱股，长孙皇后却永不许她兄长掌权太重。当她病势垂危的时候，有人提议要请皇上颁布大赦，借以感动神灵。皇后说："不可以。这是以我私人之事置于国法之上。人命都由天定。若是行一善而可延长数年寿命的话，我一生从来没做恶事。若是只凭行善不能修得寿数，祈寿又有何用？"临终之时，她遗命葬于山丘足矣，不必广筑陵寝，借以节省民力。她说，埋葬之义，只不过埋秽物，使不暴露于外而已。长孙皇后不愧一个真知灼见的贤德之女。有如此的贤妻在旁，太宗之圣德伟大自不足怪。但不幸正当盛年，长孙皇后就染病逝世。贤德之名后代景仰不衰，也非无故了。长孙皇后死后，太宗震悼万分。大臣劝慰之时，太宗说："我当然知道，人都不免一死。不过，以前在危难之时，皇后始终在旁扶助，善进忠言，如今失一良友，失一伙伴，悲痛曷已！悲痛曷已！”

长孙皇后死后，太宗竟大异于前，沉溺于女色，但贤德如长孙皇后之女人，终难再遇。嫔妃虽众，太宗始终没再立皇后。随后最年轻的晋阳公主又不幸早亡，年才十二岁，真是伤透了皇上的心。晋阳公主娴雅可爱，在世时总是跟着太宗皇帝，皇帝上朝时她要送到虔化门。晋阳公主与晋王治两小无猜。当时晋王治身为太子，一次晋王要上朝侍观朝仪的时候，她竟至哭泣，以为再不能相见。在公主亡故之后，太宗的多愁善感的个性全显了出来。一个月之内，他常常自己垂泪，不思饮食。臣仆请他照常用膳的时候，他说：“我太爱这个孩子，悲伤无法抑制。究竟怎么回事，我也不知道。”

太宗皇帝就是这样的人：对人民公正仁爱，在战场之上英勇无畏，箭法如神，部下骁勇善战，突厥人闻声胆裂；在家里的时候，却温和仁厚。

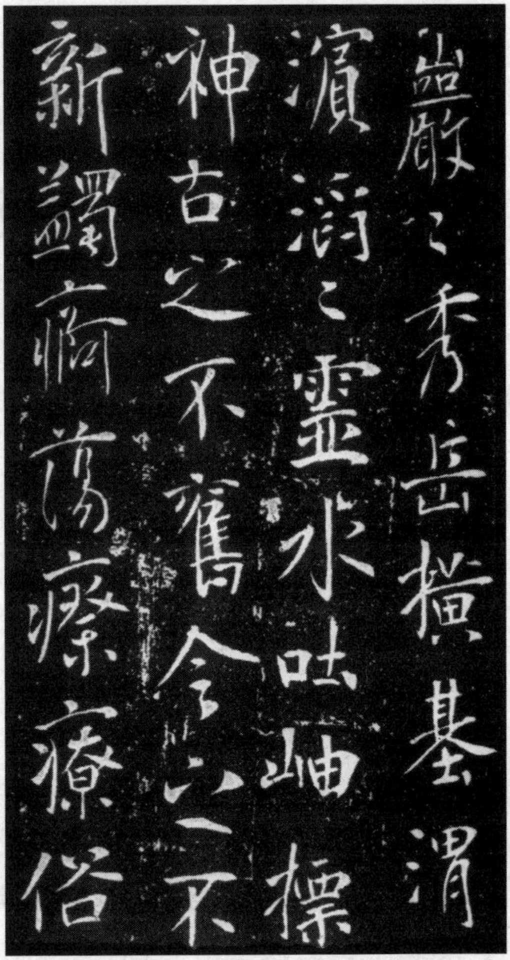

温泉铭（局部）

书法　李世民　唐代

唐太宗工书法，富文辞，个人修养及天赋极高，以行书写碑，为后世鼻祖。著名作品有《温泉铭》《晋祠铭》等。在他大力宏扬和鼓励支持下，才有唐代书法、文学、艺术之盛。

第三章

永远困扰当权者的接班人问题

太宗皇帝为什么立晋王治那样软弱无能的人，做他千秋万岁之后继承大统的人呢？这也许是他生平的一个大错。太宗有十四子，由十个母亲所生。长子常山王承乾，四子魏王泰，九子晋王治，都是贤德的长孙皇后所生，三人都极有机会立为太子。可是好竹难免生恶笋，在后代子孙方面，皇帝也难免不如意。初立太子，长子承乾粗鄙无赖，与娼优娈童为伍。有一次，他使朋友打扮成突厥人，装作在丧礼中围着死人跳舞，他自已躺在地下假装死人，然后猛然一跃而起吓唬他们。他就以此为乐。虽请国内名儒为师，皇上也没法使他进德修业。泰为第四子，理应立为太子，太宗也已经暗中决定传位于他。泰生得英俊，为人端肃，有学问，善诗文，从各方面看，都会成为一个有道明君。太宗使他住在武德殿邻近，武德殿为上朝的大殿，并且每月拨给他的花费比其他皇子都多。泰的势力迅速强大起来，太子遂有恐惧之心。于是兄弟不睦，继之以凶争恶吵，埋怨不平，父皇烦恼万分。终于太子承乾举兵反。朝廷虽然轻而易举地将叛乱平定，太宗终以太子不肖引为耻辱。

一天散朝以后，皇帝吩咐贤臣长孙无忌及另外两位大臣随后入宫。入内之后，太宗勃然大怒说：“一个人怎么会有这么不肖之子！”于是从墙上摘下宝剑，便欲自刎。长孙无忌自然赶紧拉住。在凌烟阁中，无忌位居二十四功臣之首，忠正贤明，太宗对他言听计从。

太宗问无忌说：“现在该怎么办呢？”这时太子承乾已废，尚未伏诛。皇帝必须做一个重要的决定。若立四子泰为太子，兄弟相争，必伤一人。无忌奏称：“依臣愚见，当立晋王治为太子。”

太宗说：“立那个东西？你的话也许不错。承乾和泰的仇恨已深。立泰则泰将来必杀承乾，否则承乾必会造反而杀泰，我敢断言。若立治为太子，将来继承

步辇图

绘画　阎立本　唐代

北京故宫博物院藏

《步辇图》描绘了贞观十五年（公元641年），唐太宗接见来迎娶文成公主的吐蕃使臣禄东赞的情景。画中的唐太宗面目俊朗，目光深邃，神情庄重，充分展露出盛唐一代明君的风范与威仪。

大统，泰与承乾二人性命尚可保全。治为人仁厚忠诚，只是过于软弱，可是……我真不知道怎么好。”

圣明的太宗皇帝犯了个错误。为了救一个卑劣浪子的一条命，他立了晋王治嗣承皇位。晋王治为人软弱无能，优柔寡断，的确没有统治大唐帝国的才能。太宗后来渐渐又犹疑起来。一天，他向长孙无忌说：“你让我立了治为太子……我自已真不知道……”

不管怎么样，嗣承大统的问题总得解决，一劳永逸，避免将来的纷争。于是皇帝下诏称：前太子既然已废，并且贬谪在外，今立九子晋王治为太子，日后继承大统，如再有人企图继承皇位或重行论及嗣承一事者，立予严办。

当时太子治已二十二岁，业已娶妻，生有四子。虽不失为一个良善青年，但怯懦脆弱，英明不足。因为生来赋有深情，忠诚恭顺，倒颇得太宗皇帝欢心。太宗已经为他选择了一个贤淑的女子，就是将来的王皇后，现在正随太宗皇帝住在宫中。太子地位不同于众，自已有宫殿、太傅、随侍官员，天子照例从高官显宦之中，挑选道德文章一时无两之士，教导太子。即令在终南山里，在太宗皇帝宫殿之旁，太子也占有宫室。

太宗皇帝驾崩的前几天，召他一向倚畀甚殷的两位大臣到榻前。一个是太尉长孙无忌，另一个是中书令褚遂良。褚遂良对君主一片忠心赤胆，太宗皇帝一向视同兄弟。今日被皇帝召来，以备将来执行皇帝遗命，这是殊荣，也是重任。太宗皇帝知道太子登基为帝，将来必然需人辅助，长孙无忌和褚遂良二人又堪寄以重任。太宗皇帝托付其人，将来历史自可证明，但是太宗有一事考虑欠周——就是高宗的为人。

现在，褚遂良、长孙无忌、太子、太子之妻都在含风殿太宗皇帝的卧房里。太宗握着褚遂良的手说：

“这些年来，卿二人对孤忠心辅佐。现在将二卿召来，受孤遗命。二卿都知道，太子为人仁厚，事孤至孝。我好儿好妇，托于二卿，望善为辅佐，趋吉避凶，谨守寡人遗范，永保宗社！将来国事，尽付二卿之手。”

长孙无忌与褚遂良既受太宗遗命，即为顾命大臣，对幼主即如伯叔。当然，长孙无忌原来就是高宗的舅父。

太宗又转向儿子及儿媳，命二人单膝跪下，拜遵遗命。又向太子说：

“有遂良无忌二卿为辅，汝可无忧了。”

于是褚遂良受命将遗命写下。褚遂良写毕，太宗又向遂良说：“自从起兵以来，无忌始终如孤左右手。孤开国登基，大都得他辅助。将来勿容奸人加害，如违朕命，就是不忠。”

褚遂良听毕，郑重承诺。太宗知道遂良一诺千金，却没料到遂良将来要对付一个妇人。现在，那个妇人正在太宗的屋子里——仅仅是一个侍女。

第四章

乱伦，接近权力中心的第一步

则天武后当时正是太宗皇帝的一个侍女。依照唐朝皇室的规矩，皇帝有一后、四妃、九昭仪、九婕妤、四美人、五才人，三班低级宫女中每班又各有二十七人。以上所述统称为后宫佳丽，皆可承受帝王的恩泽。武后当时只不过是一个六级的才人。

她今年已经二十七岁，从十四岁起就在宫廷里。以她那样的能力与雄心，竟没能升到较高的阶级，她一定觉得郁郁不欢，自不待言。太宗皇帝并不喜爱英明果断的女人；他喜爱的女人要温柔，要和顺。太宗最初在武氏父亲家看见她时（武氏父亲武士彟曾随太宗远征），遂将她选入宫中，因为这样对她父亲也是殊荣。武氏干练尽责，头脑清晰，在宫中专管太宗皇帝的衣库，自然非常称职。武氏亭亭玉立，极其健硕，脸方，下颌秀美，两眉明媚，两鬓微宽，有自知之明，料事如神，治事有方。从武氏的作为上，太宗皇帝已经看出来，女人如此，确属可怕。武氏说过一个关于她自己的故事，十足可以表现她的个性。

武氏说：“我年轻的时候，伺候太宗皇帝。皇帝有一匹骏马，叫狮鬃马，无人能驯服。我向皇帝说，我能。只要给我三件东西：一根铁鞭，一个铁锤，一把利剑。我若不能用铁鞭制伏它，我就用铁锤，若还不能，我就用剑刺进它的脖子。皇上很夸我的勇气。”

以一个二十几岁的姑娘有这种勇气，可谓难能！这真是武则天精神，这话一定会使皇帝为之一惊。并且，若不真个用铁鞭利剑去使马受伤，只是徒托空言，这也就不算个方法。用铁锤制伏马，这真是她的新花样儿！用这种方法制伏的马，瘸不了腿，就得丧命。在我老来这些年，常常思索这件事情。唐朝的皇室就是武氏要制伏的一匹马，她终于把这匹马弄残废了。

武氏这个女人智力非凡，头脑冷静，而野心无限。她对文学艺术并不十分爱好，她只曾受过普通的教育。

照夜白图
绘画　韩幹　唐代
美国大都会艺术博物馆藏
“照夜白”是唐玄宗李隆基的坐骑，图中“照夜白”系一木椿上，昂首嘶鸣，四蹄腾骧，似欲挣脱缰索，雄骏无比。之前，唐太宗亦有一匹烈马，无人能够驯服，才人武则天听说后主动向太宗进献驯马方法，太宗只觉武才人很是霸道。

皇宫的事情，她很感兴趣，朝廷上例行的公事，她似乎很懂，她对周围的情形也很了然。以她那种英明干练的才具，她确有执掌朝政之势，只是太宗在位，不得其时而已。太宗看来，她不过一个才人，平而微方的脸，宽广的前额，而太宗宠爱的却是肌肤细白，绰约多姿的女人，要娇媚娱人，却不必练达能干。所以武氏只得在拘束限制之下过日子，局促若辕下之驹。以她那样雄心万丈，却大才难展，百事拂意，身为皇帝近侍，一入皇宫十四年，而仍然屈居才人之位，她是确已失败！不过她头脑冷静非常，抑郁不达之情，决不形诸声色。

在众多婢女之中，武氏之聪慧，绝非常人可及。她既不得意于老皇，乃另谋出路，专注意于太子。别的婢女若无所见，她却慧眼独具，利用时机。因为老皇千秋万岁之后，太子登基称帝，嗣承大统，自属当然。太子于是成了她的目标，而这个目称，又何其容易！她已经把太子估量清楚。一个二十二岁的青年——软弱、任性、多愁善感、不喜运动，玩弄过几个女人，一见美色，心神颠倒，渴求新欢，欲壑难填。在太宗皇帝驾崩前两个月，老皇染病在床，在宫中那样熟悉的地方，太子常常看见武氏。武氏年轻，虽不足言体态丰满，亦可称得上身体健硕，玉立亭亭。宫廷的化妆，宫廷的发式，她极其讲究精致，从不疏忽。太子所爱慕于武氏身上的，正是他自己所没有的——健硕、沉着、机敏，尤其是精神旺盛。

在父皇驾前要端庄矜持，不可失礼，求情之心，反而越发难制。可是，总不愁没有机会，在走廊之下，在前堂之中，在花园之内，遥远的一瞥，会心的一笑，身体有意的一触，偷偷的一吻。当这个成熟丰盈的女人，开始向那个肠柔心软、青春年少的太子一调情，太子的劫数算是注定了。武氏言谈，随时一语双关，意在言外。她说她渴望太子殿下特殊的“恩泽”，她当竭其所能，“善待”殿下。所有宫廷中的辞藻像“献身”、“宠爱”、“忠诚”等等，若由一个谈情求爱的少妇口中说出，都会另有意味，独具色彩。日复一日，太子受了蛊惑，大起胆来，意乱神迷，恋情似火。于是在老皇背后，太子与这位不平凡的宫女，在小心戒备之下，恣情拥抱调笑。太子视礼法若耳旁风，进而想入非非，企图把武氏据为己有，一切牺牲，在所不惜。

一天，太宗皇帝问武氏说：“你打算怎么办呢？”

武氏两眼噙着泪，苦笑说：“妾立誓削发为尼，为陛下念经求福。”当时宫中风俗如此：帝王驾崩，侍妾必到尼庵出家，以示洁身自持，为君守节。

太宗听说很放心。大臣李淳风，善观星象，精通天文。他曾向太宗奏称，三十年后，有武姓者起而灭唐。现在谁不信命运呢？星象家的话，你纵然不深信，但在你头脑里也不容易完全忘净。当然，一个尼姑总不会把大唐帝国灭亡的。

几天之后，太宗驾崩，灵榇运返长安。为防意外发生，褚遂良与长孙无忌使太子跪在太宗灵前，宣誓登基，是为高宗。然后诏告天下，太宗驾崩，新君嗣统。太宗灵榇舆返长安时，六府甲士四千列队街上，举国上下，哀痛失声。

在终南山的行宫里，在料理丧事当中，武氏开始侍奉新君高宗，依照职责，犹如侍奉老皇一样。她仍然位为才人，侍候皇帝梳妆。她曾看见太子在太宗灵前宣誓登基。太子年少怯懦，执掌国家大政，瞻望将来，实感惶恐，难以胜任。高宗为太宗皇帝幼子，一向贴近父母，极受宠爱，现在君临万民，竟伏在遂良肩上，哭泣起来。武氏把这些情形都看在眼里了。

在那些守灵的长夜里，皇帝的灵榇停放在黑黝黝的大殿内，武氏的差事就是伺候新君。大殿之中，高烧巨大的素烛，点着真腊进供的名香，武氏与高宗两人常常独在殿里。大殿之中，按时念经上供，紧忙一阵，就随有一段闲静。人人用脚尖轻轻地走，低声细语。高宗身为孝子，大多时间，在殿中守灵。武氏按时进去送茶，见皇帝过于疲倦时，请皇帝歇息。她低垂着头，穿一身缟素孝服，出入侍候，哀痛之至。半为自己，半为服侍多年的老皇。自己时蹇运乖，心头无限激愤。想到她最后的下场，以她的才干，将来竟要消磨在高墙深院的尼庵之内，真是痛不堪言。

在只有武氏和高宗单独在大殿里的时候，高宗趁机和武氏说话。武氏真是肝肠寸断。

高宗说："那么你真要离开我吗？"

武氏说："我不愿离开你，可是有什么办法呢？我们的前途是命定分道扬镳的。一走之后，我想再不能迈进宫门一步了。不过我的心不会变，不管是在尼姑庵里还是在别的地方。我永远也不会变心的。"

"你当然不愿意走，是不是？"

"谁愿意呢？我但愿在皇上左右，帮助皇上。可是这只不过是痴人说梦，有什么用处？我愿意还能再见皇上。皇上若不忘我，我就感恩无边……"

"怎么会忘你呢？怎么会！"

"如蒙皇上不忘，请常到尼庵去，我可以看见皇上。此外别无所求。至于我，一辈子就此完了，跳出红尘之外了。"

"不要说这种话，你还这么年轻。"

武氏眼里噙着泪，心里却在暗笑。"你是皇上，万民之主，我不过一个侍婢。"

"难道就毫无办法吗？"

"哪儿会有办法？"

高宗默默不语。武氏这个年轻妇人往高宗身上打量。她知道高宗是爱感情用事的。于是用话激他说："你虽然贵为一朝天子，也不会有啥办法的。"

"没办法？我愿怎么样就怎么样。有什么不可以？"

“不可任意胡为。我只是说皇上若是想我，就到尼庵去看我。我的心是皇上的，皇上自然知道。我一定还要再见皇上。”

“我一定去看你。”

这是俩人最后一次的长谈。再后几天，高宗始终被巨仆包围着，在丧仪中尽孝子之礼，辛劳万分。殡礼完毕，先皇的侍妾们都预备往感恩寺。因为仆婢及各嫔妃都在眼前，高宗和武氏再没得长谈。只是在离别之时，高宗进里屋去看她收拾东西。她偷偷小声说了一句，擦了一下眼泪。

“皇上答应的事要办到哇！”

“皇上说得出就办得到。”

武氏现在穿着满身的孝服，随着别的女人上了车。在庙里她和别的女人一样，也剪了发。她深信年轻的帝王会如约来看她——因为一个皇帝要做什么就可以做什么。她知道怎么样才能让皇帝堕其术中。

第五章

为了对付那个貌美多姿的妃子

一次，高宗皇帝去看她时，她哭得泪人儿似的。她苦恼悔恨、羞愧和无地自容。因为以一个尼姑之身，她竟受了孕！高宗不能推脱，因为他已非一次到尼庵去看过武氏。这里我需要指出正史上文饰失实的一个地方。武氏的长子弘死时是二十四岁，那一年是公元675年，他一定生在高宗将武氏从尼庵中带回皇宫的那一年，所以王子一定是在尼庵受孕的。

高宗回宫向王皇后一说，王皇后认可，而且愿意帮忙。王皇后曾经暗中流过多少眼泪啊！因为她那时也正有她个人的事情，非常为难——萧淑妃生得美貌多姿，娇媚动人，而又机敏多智，能言善辩，日渐得宠，王皇后日渐受了皇帝的冷落。并且萧妃已给皇帝生了一子，就是许王素节。王皇后的长子燕王忠那时正是太子，但是并不是自己生的，本是后宫刘氏所生，她自己并没有亲生的儿子。萧淑妃貌美阴狠而善妒。由于宫中的阴谋毒计，由于甜言蜜语的中伤，由于背后的谗言，王皇后的地位已经摇摇欲坠。王皇后既然无法与萧妃相争，于是想引入武氏，以毒攻毒。女人的本性若受了刺激，她是不管体面不体面的——丑闻、乱伦，又有什么关系！

由于王皇后极力帮助，武氏不久就由人私运入宫，隐藏在皇后宫里，直到孩子生下来，头发长了起来。二人共同计谋，对付萧淑妃。这对武氏也许是可耻的事，但是所企图者大，武氏毫不犹豫，立刻就进行起来。两个女人共同恨第三个女人的时候，二人之戮力同心，比什么都牢不可破。

骑马的戴面纱妇女
陶俑　唐代　新疆维吾尔自治区博物馆藏
唐代女性地位较高，贞节观念淡漠，使唐人婚姻呈现出历史上少有的开放特点，男女择偶相对自由。在唐代婚姻中，女子在“不相禁忌”的形势下，常常享有同男子同等的婚外偷情的自由。

武氏施展这个阴谋，觉得津津有味。她深知皇帝的弱点，她使出浑身解数儿，满足皇帝欲望，甚或荐贤自代，务使龙心大悦而后已，淫秽无耻，可谓达于极点。平常人，在年轻力壮的时候，淫欲过度，本来尚可支持，但是这位年轻的帝王，身体并不强，当房事过度之后，身体渐显不支，既然心满意足，喜出望外，对萧淑妃不觉冷落，渐渐忘记了。高宗虽然欲令智昏，武氏却冷静如常。虽在龙床之上，也许武氏用脑时多，用情时少。武氏正当盛年，比高宗大五岁。心中大计，早已拟定。高宗并非雄伟力壮之人，童年之时，就不喜爱追逐游戏，现在仍然是心肠软，爱感触。武氏深知这种男人，最容易受制于刚强果断的妇人。

自从以尼姑之身，离开尼庵，进入皇宫，受了皇帝的宠爱，在武氏雄心万丈的前途上，已经消除了最大的障碍，其他困难留在日后再清除。一有机会，她就会把握利用，把高宗玩弄于掌股之上，犹如抚弄婴儿，令其入睡一样。怎么样对付高宗，她向来没有忧愁过。以武则天之才，自然如此，毫不足奇。武则天既已发动，决不中途而止。她能控制皇帝，控制皇后，控制各嫔妃，而且已经真个把她们控制住。她的命运很清楚，她的道路很明显，她的目标很固定。从地位卑微的侍婢，高升为万人恐惧权倾一时的帝国之主，她不需要半个男人帮助。也可以说，武氏具有女人所有的种种美德，只是欠缺一件——谦卑恭顺。

武氏也有特殊的性质，极其聪明的性质。她的计谋，无不成功。她尽其所能讨皇后欢心。皇后觉得她谦卑恭顺，对皇后向无失礼之处。每进忠言，都能切中利害。她从不直接反对皇帝的意见，总是指点暗示，明明是公正无私的忠言，实则使皇帝所作所为，无不暗合己意。自己所求，都能得到，但绝不明言。高宗觉得她精明强干，处处能迎合自己的意思，实则自己已经进入了她那温柔有力而又坚强不破的圈套。

皇帝已经脱离了萧淑妃的掌握，王皇后无限地傻高兴，不住地在皇帝面前夸奖武氏。武氏不久便升为昭仪，只次于皇妃一级了。王皇后把武氏偷运进宫来，只知道去了个轻薄阴狠的萧淑妃，却不知道换来了一个更聪明更狡猾的女人，口蜜腹剑，会置人于死地的。

二度进了宫还不到一年，武氏已经把整个皇室控制在她的掌中了。宫廷生活里最重要的一方面，也是愚人所忽略的一方面，不是皇帝，也不是皇后，而是那些仆人，无数的仆人、使女、厨役，各嫔妃以下等等还不算。皇后为人端庄有礼，而多少失之固执拘泥，时时不忘自己的地位。一向不体谅仆人，也不屑于俯就他们，讨他们欢心。皇后的母亲刘氏，当年对仆婢也是粗鲁暴躁，为仆婢极其厌恨。武氏深知，若没有仆婢夹杂在内，宫廷之中就不会闹出什么阴谋来的。武氏机敏圆通，对他们又和顺，又大方，也偶尔以目示意，警告他们抗命不恭的危险，因此，颇得仆婢的爱戴。只要她得到了皇上的赏赐，她就把使女叫进去，尤其是服侍她最忠心的，最讨她喜欢的，把皇上赏赐自己的礼物厚赏给她们，如宝石、金饰、银饰、绸缎等，越曲意讨人喜欢的，武氏的赏赐也越丰厚。因此使女什么话都告诉武氏，所以武氏对王皇后那边的事情清清楚楚，对全宫的情形也都明白。她听到的她相信皇上一定也知道。实际上，皇宫只不过一里宽二里长的一块地方，这么大的一块地方她若不能控制，她就不要梦想做古今中外历史上最伟大的女皇了。

要照武氏的想法看，继续做个昭仪，的确是荒唐可笑的事，因为她所谋求的是更为远大的。下一步要做的只是把王皇后的地位取而代之了。以武氏的才具，这也不是太难的事。为了达成做皇后的野心，她是不惜用尽一切方法的。王皇后为人谨严方正，无懈可击。武氏需要无限的忍耐。

第六章

掐死亲生女儿的收获

不错，时机终于来到。武氏生了一个女孩。她听说生下的是个女孩之后，心里起了轩然巨波。可是她究竟不会失败的，她会改变恶劣情势，转败为胜。从现在起，武氏所作所为，我们不必惊异，因为她是非常之人，行将要做非常之事。苍天对武氏可谓极厚，使她生个女孩，可谓利莫大焉。

一天，孩子还不足十天。王皇后自己是没有孩子的，她把孩子抱在怀里抚弄了一会儿，又放回床上。使女回禀王皇后来的时候，武氏故意离开了。王皇后一走，她就进来把孩子掐死，用被子盖上。她知道高宗下朝以后一定来看孩子。

高宗果然来了。武氏高高兴兴地讲说孩子多么可爱。

她向一个心腹的使女说："把孩子抱来给皇上看看。裹好了。"

使女把孩子抱了出来，武氏过去接。她一看大惊，孩子不睁眼，不动，不呼吸。孩子死了。武氏惶恐万分，也许是装出来的那么悲痛若狂的样子。

仿佛是万念俱灰，一切都完了。她号啕大哭，她问："怎么回事？

早晨还是好好儿的。”她惊疑不定，纳闷孩子为什么突然死去。

那个被武氏平日训练有素的使女说：“我们还以为静静地躺着睡呢！”

做妈妈的并没有哭得神智昏迷，擦干了眼泪问说：“我不在屋的时候，有什么人进来了吗？”

“皇后来了，她来看孩子，抚弄了一会儿就放下了。”

武氏的眼光和皇帝的眼光碰在了一起。真是无法相信，会有人做出这种罪大恶极的事来！

皇帝说：“皇后近来很嫉妒你。可是我向来也不会想到她会做出这种事情来！”

皇后当然不承认。不承认又有什么用呢？为什么以前不施恩典于仆婢们，换得他们的忠心呢？就是王皇后来看过孩子，没有别人啊。

高宗本来就不很喜欢王皇后，现在对她只是一心厌恨了。皇后现在之嫉妒武氏，正如以前嫉妒萧淑妃一样。王皇后现在做出这种事来，的确不足以为众嫔妃的楷模，何以母仪天下？武氏思念孩子，只是默默不言，暗暗饮泣，其实心里窃喜。

高宗说：“我有心废了王皇后。她已经不适当——不配做……”

武氏很慷慨大方，只说：“不要这样想。既然做了也就算了。不过我现在应当由昭仪升成妃，和萧妃地位相平，你想是不是呢？”

这也并不容易。因为皇帝有四个妃，都由朝礼严格规定的。高宗打算再封一妃，名曰宸妃。但是此事有关朝法，高宗也不能任意变动，黄门侍郎韩瑗和中书侍郎来济都力持异议，以为不可。武氏只好屈从，好在度情量理，人力已尽，只好等四个妃里有一个死去，或是什么别的情形了。若是命运不肯创造一个伟大的女人，一个伟大的女人会创造她自己的命运。

第七章

向皇后进攻

到高宗六年，事情发展到了顶点。王皇后显然是用魇魔法害皇上，使皇上心疼，要置皇上于死地。皇帝觉得心疼，武氏也知道。在皇后自己的床底下地里，掘出来一个小木头人，上面刻着皇上的姓名、生辰八字，有一根针插进小木头人的心。这件事之发生又可见王皇后对使女太不留心。因为有人向皇上告密，皇上亲自带着人在王皇后床底下发掘出来。王皇后就仿佛血手淋漓地被人发现，惊慌失措，哑口无言。除去连口否认之外，又何以自解呢？于是跪在地上，力说自己确不知情。可是有什么理由可逃避这个厄运？她猜想那个小木头人一定是别人栽赃，偷偷儿埋在她的床下的，可是一切证据都于她不利。这时她才明白赶走了一只蝎子，换来了一条致命的毒蛇。

宫廷里，朝廷上，议论纷纷，大臣惊骇，小吏疑猜。是皇后真的要害皇上呢，还是别人阴谋要害皇后呢？

若是说王皇后用魇魔法去害萧淑妃或是武氏，不是更合乎情理吗？整个这件事似乎都不可置信。王皇后绝不会自己一手做的，一定是用一个女巫，和一个人同谋的。女巫又是谁呢，什么名字？若凭婢仆的话，也可以把罪状确立，也可以把罪状推翻。万一把皇后废了，谁最可能升成皇后呢？武氏一向并没有静止不动，在三年以内，她给皇上生了二男一女，一女就是被掐死的那个孩子，武氏是越发有权做皇后了。

向王皇后的进攻开始了，朝廷之中哗然一片。皇后就要废了，很多人若有其事地这么说。褚遂良与长孙无忌受了先皇的重托，善事少君与皇后，现在觉得是要闹出事情了。从哪方面看，谋害皇上一事都无法令人信服。武氏知道事情并不容易，可是既然发动起来，绝不立刻收场。武氏背后有皇帝大力支持。皇帝若坚持，大臣还能怎么样？

这时礼部尚书兼国史编修许敬宗，为人口齿伶俐，眼看着利用武氏就可以在这个危急之际飞黄腾达起来，于是开始活动。他身为史官，向来就擅自篡改史实，把史家的职责看得很轻，有些人向他花钱，就可以在他写的历史上买一个比较重要的地位。战役胜负之记载，功过荣辱之所归，全无定论，都可以花钱买得称心如意。他各处奔走，表示武氏升为皇后，实属合理合法。许敬宗去见太尉赵国公长孙无忌，无忌根本不许他张嘴。朝廷的大官十之八九都清楚宫廷里酝酿的是什么，都不愿意提，懒得听。大家都支持王皇后，反对武昭仪，她曾充先皇太宗的才人，这是人人都知道的。礼法不容悖乱。自从太宗驾崩之后，褚遂良与无忌都竭忠尽智，辅佐朝廷，不堕太宗政统。两人每日邀请十位官员，到私邸议论国政，检讨得失。太宗当年托孤之时，更特别嘱托二人善事幼主及皇后，如今遭遇此事，所以认为事情非常严重。如无充分正当理由和调查，皇后是不可废的。再者，王皇后还是太宗亲自为高宗选定的。若是允许皇帝娶先王之遗妾，竟承认如此乱伦之事合于国法，真是极大的错误。必将有损王位，削弱朝威。为国家之利害，念太宗皇帝之付之重托，二人反对此种淫乱之事，实属义不容辞。

武氏很知道，朝中大官重臣之中，长孙无忌最有威望。位居三公之首，身为太尉，又是皇帝的舅父，必须争取为已用不可。如果他能认可，别人就容易了。她劝高宗驾幸无忌的府第，亲自拜访舅父，她要随驾前往。

皇帝驾幸臣子之家，是一件殊荣，值得记在历史上的。高宗御驾亲临公布之后，无忌不知何故，颇觉可疑。后来一看武氏也随驾而至，立刻明白了。

武氏很亲切地问："舅母呢？"

弈棋仕女图
绘画　唐代　新疆维吾尔自治区博物馆藏
在唐代，弈棋被引为风雅之事，成为上层社会流行的游艺娱乐项目。事实上，弈棋常和人际之智斗相关，《左传》中便有"弈者举棋不定，不胜其耦"的典故。对武则天来说，生活一如游戏，儿女一如棋子。争权夺利的游戏，她玩得津津有味，至死不厌。

因为是探亲，皇帝与武氏被让到后面。太尉夫人出迎，接进里面款待。两位贵宾极其和蔼，武氏尤其热情、愉快、恳挚。宾主都极力找话欢叙，但是都不肯提到要商量的事情。宾主一直坐着，坐着，直到开晚饭的时候。

太尉自然留请吃晚饭。两位贵宾忽然发觉天已经那么晚，原来并没有理会，因为谈得太痛快了。当然就留下吃晚饭，因为另外也没有什么事情。武氏说："大家男女一块儿坐在这个桌子边吃吧。一家人不用拘礼。"

酒菜摆上来，大家举杯欢饮。太尉的四位公子也在座。吃饭的时候，高宗问四位公子的现况。一个刚成年，另外三个都是十几岁。无忌为人刚正不阿。当年太宗在时，他曾坚决反对官爵的世袭。长子现供职弘文馆为校书郎。皇帝听说另外三子尚无官爵，立刻擢授朝散大夫。

太尉颇觉不安，辞不敢受。

武氏说："舅父，您对国家的功劳比谁都大。接受有何不可？朝廷当然要有所表示，认为他们的官爵是理当授予的。这是舅父的权利。"

无忌在这种情形下，再不能辞谢，赶紧命三个儿子离开桌子，向皇帝磕头谢恩。

大家敬了半天酒。整个的气氛是轻松舒适，人人都非常高兴。这时高宗鼓足了勇气，提起小木头人儿的事情，并且微微暗示，皇后又没有生儿子，应当废掉。

武氏在旁注视，一言不发。太尉像一位老练的外交家，一边咳嗽清嗓子，一边言语支吾，设法避免正面回答问题，既不说是，也不说非。他想，那么重要的问题应当仔细考虑，不能草率从事。

高宗看出来舅父不赞成，自然不高兴。一晚上原来很痛快，但是结果仍然不欢而散。

第二天，武氏用皇帝的名义，给舅父送去了十车的绸缎和金银礼品。是武氏的母亲杨夫人亲自送去的，用以表示武氏对舅父的敬爱。

这种用意无忌很明白。昨天晚上赐给儿子官爵，现在又送金银。武氏是以为长孙无忌可用金钱官爵买动吗？无忌选了一些绸缎留下，略表敬领恩赐之意，其余的退回宫去。

第八章

元老重臣的抗议

武氏现在遇到了死敌。三师、三公、侍中、中书令，似乎完全团结起来，一致反对废王皇后、立武氏（宸妃）为后。朝廷的上层分为三部分：（一）门下省，与皇帝最接近，处理臣下的奏折、皇帝的批示与诏令。（二）中书省，以中书令为首，另有中书侍郎二人，辅佐皇帝，进忠言，决国策。（三）尚书省，综管诸臣。并无首相之设以为诸臣之首。名义上尚书令即系首相之职，但自高祖武德年间太宗皇帝亲任此职之后，尚书令一官遂阙而不置，以示对太宗尊崇之意。尚书省之中遂以左仆射及右仆射为首，位与门下省之侍中相同。大权集于皇帝之手，下有大臣数人，襄佐皇帝，参与机要，决定大计。

侍中与中书令通常皆为高级官员。门下省之日常公务是阅读圣旨，抄写一份，送与尚书省执行。实则其任务尚不止此，侍中与门下省侍郎有权将皇帝的圣旨送回复议，甚至可以将圣旨驳回，虽是权力，也是职责。在当年太宗皇帝的清平之世，因为门下省将太宗的圣旨都完全通过，似乎漫不经心，曾受太宗严厉的申斥。太宗说：“你们职司何事？我若只是要你们通过我的旨意，我只用几个低级员司就可以，不必用贤能之才了。”三师与三公的权力因人而异，或举足轻重，或位同虚设，他们或根本不过问朝政，或朝政无不过问，可自行决定。

现在朝中人才济济：右仆射褚遂良、太尉长孙无忌、侍中韩瑗、中书令来济，都拥护王皇后。只有司空李，身为开国大将，堪谓硕果仅存，为人虽好，却较为慎重，遇有缓急，不太可靠。太宗驾崩不久以前，曾把李贬谪在外，可谓惊人之举。太宗私下告诉太子说：“李为我，赴汤蹈火，在所不辞，这是对我个人的效忠。你并无恩于他。现在把他远谪，以试其忠心。他若抗命，即予诛杀。但是他已遵命而去，将来你把他召回，封以高官，他必然效忠以报。”

现在大臣聚于朝廷的旁殿，等待钟响上朝。无忌把遂良拉到一旁，把皇帝幸临他的府第和说的话告诉了他。别的大臣都站在四周，极其紧张，仿佛等待一场风暴。自然要有人先说话，当然是无忌。

褚遂良忠心耿耿，他向无忌说：“你不要，让我吧。若弄到皇上非难舅父，那情形就太尴尬了。”

“那么让司空李吧。”

“也不要。他的地位太高。如果皇上已经拿定主意，看样子好像是主意已经打定了。据我看来，反对武氏计划的人恐怕是难逃灾祸的。”

唐代三省六部制

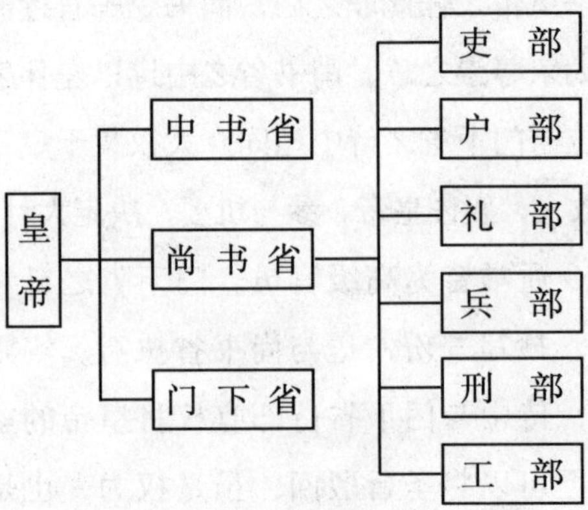

“那么你自己呢？”

“我不在乎，我本来就出身微贱。这也本是我的职责。我亲受先帝的遗诏，先帝曾将王皇后托付于我。我若有亏先帝付托之重，有何颜面见先帝于地下？”

钟声一响,群臣鱼贯入朝。高宗皇帝坐在宝座之上，武氏隔一层纱，坐在皇帝背后，谛听与她自己成败攸关的这次朝议。

高宗皇帝先说皇后魇魔法谋害自己，依法当诛。如此败行何以为贤妻良母的楷模？所以打算把她废掉。

褚遂良迈步向前奏称：“陛下，臣有职责谏止陛下行此废立之事。王皇后为先帝选与陛下。先帝临终之时，在病榻之上，握臣之手说：‘朕将好儿好妇，托卿辅佐。’陛下曾亲耳听见。皇后犯罪并无明证，不应当废却。”

高宗从容不迫，将小木头人拿出来说：“你们看一看。”说着递与群臣观看。小木头人心里钉着一根钉子，身上有皇上的名字和生辰八字。

褚遂良奏称：“为什么不调查一下？一定是别人雕刻的。一定有共犯，有证人，一定有一个女巫或是男巫与宫女相识。陛下怎么知道不是别人栽赃谋害皇后呢？”

皇帝默然。

侍中韩瑗向前启奏，支持褚遂良的意见。他说：“求陛下恕臣直言。轻易废立皇后并非国家之福。朝野震动，其害非小。臣与褚遂良意见一样。皇后系先帝为陛下所选，不应当废却。”

无忌刚要说话，高宗大声怒斥道：“把他们轰出去！”

褚遂良与韩瑗退出之后，立刻就散朝了。

第九章 开刀

当天晚上，几个大臣在无忌府第商议废立之事，无忌的挚友也在内。那天下午很晚的时候，听说中书令柳奭免了职。柳奭是王皇后的舅父。由此看来，武氏是认真动起手来了。

无忌说：“柳奭竟免了职！”又问褚遂良说，“咱们明天怎么办？”

“咱们怎么办？当然是坚持,不让步。我的职责清清楚楚摆在眼前，没有妥协。”

长安令裴行俭（后来为名将）一样怒气冲冲。他精通数学阴阳之理，深晓祸福之道。他说：“这种事情若任其发生，就是毁灭之始了。”

第二天早朝，情势显得很紧张。众人正在等候进去的时候，听说裴行俭又遭免职。因为昨天晚上在无忌府里聚会，袁公瑜也在场，会后他连忙把裴行俭的话告诉了武氏的母亲杨夫人。

褚遂良很难过。他说：“这又走了一个了。”他泰然而冷静，告诉其余的人说，他一定要制止此种措施，不然就辞官归隐，或是宁遭贬谪流放——这些他都不介意。他的所作所为，自己心里清清楚楚。

大臣们又鱼贯入朝，脸上紧张严肃。高宗开口引用孟子的话说："不孝有三，无后为大。王皇后未给朕生得一男。武宸妃生了男孩。朕意已决。"

褚遂良迈步向前，在宝座之下叩头。手里拿着象牙朝笏。

"将先帝的遗言提醒陛下，这是臣的职责。臣所承诺于先帝的话不能遗忘。若是圣意已决,臣已无话可说。今将朝笏敬还陛下。尚求陛下赦臣之罪，臣只有如此而已。"

他把朝笏放在宝座之前，在地下叩头出声，以示强烈抗旨之意。

高宗颇为吃惊。遂良态度傲慢，语气粗暴。

突然，帘幕之后传出尖锐刺耳之声："斩此老贼！"虽是女人的声音，却无娇柔之气，朝廷之上都能听见。

无忌奏称："遂良因为职责所在，不得不言，不可加罪。"

高宗下命令："拉出去！"

突然间，又跟昨天一样散了朝。褚遂良贬为潭州都督，潭州远在湖南，乃山中小县。遂良赴任而去，良心清白，无愧于中，毫无怨尤。至于来日如何，仍在茫然不可知之数呢。

第十章
终于登上皇后宝座

高宗现在刚毅果断，坚定沉着，颇有帝王之雄风——这只是因为幕后有武氏。臣下的诤言忠谏，一概置之不理，独断独行，毫无顾忌。他不是一国之主吗？谁说不是呢？

从今以后，皇帝那些近臣的个性渐渐变了。以帝王之尊，不会找不到向他随声附和的人们。像韩瑗与褚遂良那样忠直之臣，逐渐被像许敬宗和李义府那班奸佞贪婪之辈取而代之了。许敬宗以史官之身，出而为皇帝辩护。他说：

“一个农夫遇有丰收之年，尚可娶一新妇，何况贵为天子呢？”

高宗和武氏已经看出来，上次朝议司空李就没有到，他大概态度缓和。高宗当然需要一位重臣给皇后加冕。高宗以废立皇后之事问李。李说：“此系陛下家事，何必问外人？”

于是高宗终于决定，颁发圣旨，诏告天下，大意说王皇后魇魔皇帝，罪无可逭，当予废却，监于内宫。宸妃武氏即立为皇后。这道圣旨一颁布，这桩败坏伦常的丑闻遂遍扬于天下，轰动于四方，士农工商议不绝口，都视为笑谈，道之津津有味：新皇后是先王的侍姬，尤其可笑的是，她竟是个尼姑。更糟不可言的是，她身为尼姑时就与皇帝通奸怀上了孩子。这分明是个淫妇烂母狗。国人的廉耻受了刺激。朝廷的元老重臣为什么不阻止呢?

其实，他们已竭其所能了。褚遂良力谏之后，继之还笏求去，结果被谪远方。皇帝铸成大错，老百姓都觉得出来，但是这种事情历史上也有过。皇帝如果犯了过错，并且受制于阴险的妇人之手，的确是不可救药。朝臣的感觉也不次于百姓，都觉得朝廷蒙了灾难，是不祥，是凶险，但是无可避免。茶馆酒肆之中风言风语。太尉长孙无忌闷居在家，愠怒难发。

皇后加冕的典礼定于十一月，离废王皇后只有一个月。武氏不愿在典礼中自己显得心中有所愧怍，不

礼宾图

壁画　陕西乾县乾陵章怀太子墓　唐代

墓室壁画表现了由六人组成的礼宾行列，左边三人为唐代鸿胪寺官员，右方三人分别为东罗马帝国、高丽和东北一少数民族的使节。

肯偷偷摸摸地举行，要理直气壮，要冠冕堂皇。这才是武则天哪！这一桩皇后加冕要盛大地铺张一下，要壮观，要荣耀，要赛过皇帝的登基，要让天下都知道武氏由此就成了天下的皇后，并且是顺理成章，堂堂正正。那过分的富丽辉煌，对于武氏是适当无比，因为她想那才是她的生活，她的日子。她要向黎民百姓夸耀她的荣华富贵，她知道黎民百姓要看看她的荣华富贵，人生难逢的加冕盛典。许敬宗当然是筹备一切的要角儿。真是千千万万的事情要做，而日子又那么短——加冕时穿的龙袍、乘坐的凤辇、新篆玺，以及歌章、音乐、舞姬、艺人、宴会，以及为皇子、亲王、公主、贵妇准备的参加盛典的一切一切。

册立皇后典礼的日期转眼到了。音乐、钟声、鼓声齐奏起来。大殿里排满了文武百官。在侍女簇拥之下，武氏皇后走进殿来，头戴凤冠，金珠闪烁夺目，身穿祭天地大典时的缎袍，上绘霓虹光彩的舞凤，红色的宽带自正中下垂到裙沿及鞋处，腰带、垂彩，都和皇帝穿戴的一样。武氏宁静而庄严，不大不小的下颌，大而雪亮的眼睛，无处不正派，无处不威严，真是一个一等一的皇后。在加冕的时候，文武百官之中最为泰然镇静的，大概就是武后自己。皇后的印玺放在一个玉制的盒子里，由英国公李正式递与她——而李就是数年之后被武后戮尸的一个人。武氏登上皇后宝座之后，随后是宣读圣旨，朗诵富丽而庄严的四言贺诗，奏出古典的音乐，于是礼成。

然后，在皇宫以西的肃义门，新皇后接受文武百官及番夷诸宾的朝贺，这是特别安排，是史无前例的。皇后御用的长而大的凤辇已经准备好。辇身是蓝色，镶有金花，八个窗子，悬有紫色的绸彩和纱帘，辇顶和后轮都漆得朱红。辇的两旁饰有雉翎，用以表示是皇后，马的鞍辔缰铃都是金光夺目。凤辇之前，有骑士先导，制服盛装，另有勋徽执事，排列成行。

到了肃义门，武后下辇登楼，立在楼台之上。楼下面的广场上跪着各王子、文武官员、诸番夷的使节，都是衣冠整齐。在前排的都着紫袍，佩玉带，服金饰，或为诸王，或官在三品以上；第二排，身穿浅紫色袍，佩有金带，官为四品；第三排，皆穿藕荷色袍，佩金带，官居五品；第四排，皆身穿深浅两种绿色袍，佩银带，官居六品七品。以后依品次排列。

武后向臣下蔼然微笑，答谢诸臣敬礼之意。然后乘辇回到皇宫，在内宫招待百官和番夷使节的夫人，这也是新出的花样，是前所未有的。人人仰慕武后的威仪，但极力不想她的出身。有些夫人注意到武后的嘴太大，表现出贪婪的个性；有的看出她那嘴唇上的纹，她那尖锐凶狠的眼光，表现出她是一个果决刚强的女人，觉得未免可怕。但武后向来不羞涩，欢喜见人，欢喜认识人，愿意受人阿谀。就在那一天，她就破坏了不少的习俗惯例。

接待会完毕之后，另设宴款待特别邀请的客人，有歌有舞，有御用艺人献艺，以娱嘉宾。欢娱直至深夜。

第十一章

皇帝探监事件

经过三年耐心的等待和努力，武氏的野心可算是实现了。当然，这只是个开始；一个皇后的地位可以是高得不得了，也可以是根本算不了一回事，关键是看怎样运用一个人的智慧而已。武后现在想到废却的王皇后和萧淑妃，自己笑了——她们真是太愚蠢。武后现在对长孙无忌、褚遂良等人的反对，仍然怀恨在心。可以说是由于女人的一种直觉，她认定遂良、无忌等栋梁之臣都是辅佐她丈夫的，并且这些人在朝一日，她自己就不能一日随心所欲。许敬宗自然是她自己的心腹。她需要一个工具，并且要教人知道附和她的都厚蒙皇恩。她巩固自己政权的方式很简单，就是：顺我者荣华富贵，逆我者有死无生。

那年冬天，许敬宗官升待诏之职，充任武后的私人秘书，受命在皇宫上朝的大殿西门每日值勤。武后仍让长孙无忌和另外反对她的那些人官居原职，她不愿一时锋芒太露，手法过急。因为无忌等人都是朝廷重臣，威望素著。她并非怕他们，只是愿意依理行事。她的所作所为，都做得合乎法度，就因为许敬宗精通法律，娴熟历史，事事经心。她若立刻把无忌、遂良等一一罢黜，那就不是鼎鼎大名的武则天，也就不会成功了。她一定要等到大臣和百姓对她已经习惯，皇帝对她已经驯服，许敬宗的声望已重，力量已成，然后再一一对付他们。这种冷静沉着，深谋远虑，正是武则天过人之处。她所做的第一件事，也是一件十拿九稳的事，就是废了太子燕王忠，立了自己亲生的儿子弘为太子。

可是，就在那年冬天，闹了一件偶然的事情，弄得武后无法自制，暴怒如狂，是女人对情敌的恼怒，凶狠野蛮的恼怒，是与生俱来的怒火。因为高宗竟抢先犯了武后的癖好，亲近了另外的异性。

高宗本应当把已废掉的王皇后和萧淑妃囚入别院，永不过问。但是他错了。他心肠软，颇感良心不安。一天，武后回家省亲，他就乘机去看王萧二人。他一个人闲荡到后宫，颇觉内心含愧，甚至自觉负罪，内疚不已。忽然发现院门深锁，吓了一跳。门旁有一个小窟窿，供仆婢往里送饭之用。宫中嫔妃等失宠之后往往是贬入冷宫，大多时候是在拘押之下，实则就是监禁。

高宗向小窟窿往里叫："皇后，淑妃，你们在哪儿？"

过了一会儿，他听见有慢吞吞拖着走的脚步，还有有气无力凄凄惨惨的语声。

"妾等已经失宠，囚入别院，不想皇上还叫妾等的尊称……求皇上顾念当年，把妾放出去吧！让我们重见日月就好了。我们要终生念佛，把这个地方改叫回心院吧。"

高宗非常哀痛："不要难过，我一定要想个办法。"

高宗直到那一天还不明白武后的为人。武后处处有暗探，随时把皇帝的所作所为都禀告给她。高宗自己时时暗中被人监视，自己还不知道。武后归来之后，高宗往探冷宫立即有人禀报给她。他还怀念那两个女人，这是真凭实据！武后无须犹豫。

还没等皇帝向她提，武后先向皇帝提起。她说，据报告，皇帝去看过那两个女犯。是否属实？

皇上赶紧否认。

“那么，没去很好。”

如果昏庸卑怯的男人遭逢到果决机敏精悍有为的女人，一种无疑的决定会被推翻，情势发展的常轨也会改变。此种情形，我们是屡见不鲜的。

其实，高宗最好自己认错，说不应当去看她们。武后下令，命婢仆打王皇后和萧淑妃各一百鞭子。然后将手足割下，将两臂两腿倒捆在身后，扔进了酒瓮。

武后说：“让这两个小淫妇如醉如痴骨软筋酥去吧。”

两天之后，当然王皇后和萧淑妃死了。死的消息奏明高宗。

武后若无其事地微笑问道：“她们俩如今如醉如痴骨软筋酥了吧？”

仆婢回奏说：“是的，陛下。”

其余的事，武后让许敬宗去做。依法而论，被武后谋杀的王皇后是犯叛逆之罪。王皇后的舅父柳奭已经在武后加冕前一个月免了职。不过，她还有另一个舅父。武后下令把王皇后和萧淑妃两家的全族流配百粤之地。王皇后之父魏国公仁祐已死，但尚遗有子嗣，袭有官爵。许敬宗对武后一向奴颜婢膝，阿谀逢迎，现在他说皇帝对叛臣仍失之宽厚，应当把魏国公和其子嗣的官爵一齐削除，并且应当把魏国公的坟墓掘开，开棺戮尸才是。高宗颇觉厌恶，不肯采纳，但确把岳父的爵位褫夺。因为这样可以刑及灵魂，也让武后的报仇及于九泉之下了。

武后洋洋得意之余，又以残忍的心肠，邪恶之诙谐，取一语双关之义，追改王皇后为蟒氏，萧淑妃为枭氏，命令王萧两家后代的子孙各自姓蟒姓枭。这样令人知道，得罪了武后都要罪有应得。武后的生活到此已然告一段落，大概她自己会以为如此的。

武氏开始得很好——这不过只是一个开始而已。她在两个女人的尸体上踏了过去，获得了成功，攫夺了权力。

第十二章
《内轨要略》及宫中闹鬼

已经消灭了王皇后与萧淑妃，现在武后泰然自若，从事做一个贤德的皇后当做的事。她自己明白，她并不真恨王萧二人，只是因为她俩不便于己而已。她并不愿意那么做，但为情势所迫。既然做了，也就无须乎感伤，无须乎难过。武后就是这么个脾气，阴狠、冷静、不断盘算些更远大的举动。偶尔谋杀一两个人对她没有什么兴趣。她喜欢做大事，做堂皇奇伟的事，要以帝王的规模，要以皇家的气派。皇后之尊对武氏最适当了。她自己的感觉就很神奇，就不平凡。她的丈夫，懦弱无能，羞怯无为，多愁善感，继承了大唐帝国的皇位，而她却要使大唐更为强大。她愿意高宗是个雄才大略的君主，她要尽力辅佐他。设若有人妨碍了她，她会毫不犹豫，像对王皇后一样把他消灭。这是帝王必须具有的才干。

武氏册立为皇后不久，就随同丈夫祭祀太庙，在极为隆重的大礼中，敬告历代祖宗，武氏已成为皇家的媳妇，要忠于丈夫，忠于祖先。这时候，武后的野心大计是否已经成熟，没有人知道，因为以后，她对皇家李氏的祖庙要扮演一出伟大不凡的戏，她要断绝李氏皇家若干祖先的祭祀。现在武后同高宗恭祭祖庙，如果高祖太宗的英灵不泯，在黄泉之下，也必深为不安。不过，现在暂时，武后总算恪尽了妇道。

武后的做法的确不同凡响。次年春天，她遵守古礼，亲身参与蚕桑祭典，表示与平民妇女一样采桑养蚕。这是以身作则，犹如皇帝祭地时，亲扶耕犁一样。这表示民生之本，衣食两端都自农民努力耕作而来。

武后很注意公众的影响，所以尽力在公众面前表现。她不像王皇后，她永远是很活跃的，她颇愿向民间妇女讲论生活的美德。她敕令大臣编一部书，用她自己的名字发表，尽是讲妇女家居之道，名为《内轨要略》，注重妇人对丈夫的服从，对丈夫家人亲戚的和好，尤其侧重重臣巨宦之家，力戒妇人对自己母家族人偏袒维护。若在将发生的事故上着眼，这本书尤其有趣，因为将来武后的族人就权倾一时，不过目前看《内轨要略》这本书的人还不觉察而已。武后深信孔孟之道，她重视宗教，她是贤妻的楷模。为妻者不应当欺压丈夫，不应当窥伺丈夫的行动。国人以为是的，她也以为是，由她那本讲解妇道的著作，就可一目了然。

她主张不可对内戚过于恩宠，是否是针对高宗的舅父太尉长孙无忌而发，还不敢确言。不过，至少她所讲的妇道对自己很方便，很有利，因为她有两个同父异母的兄长，她极思除去，方为快事。

武后的两个同父异母的兄长，一名元庆，一名元爽，在武后自己和武后之母杨夫人的心目中，早就是肉中之刺。因为武后之父先娶一妻，生有三男，先娶之妻亡故之后，才娶武后之母杨氏。杨氏生有三女，武后行二。武后的父亲谢世以后，家事为兄掌握，对杨夫人冷淡失敬，杨氏衔恨在心。武后的父亲既然身为大臣，两个兄长也在朝为官。

杨夫人现在身为国后之母。一天，对两个儿子说：“还记得以前的日子吗？现在不同了吧？”不觉得意忘形。

两个儿子说：“这种事情弄得人脸上倒怪不好意思。妹妹现在做了皇后，人们会说我们现在有这个地位是因为妹妹，倒与先父没有关系呢！”

弟兄二人还是这么傲慢！杨夫人怒不可遏，告诉了女儿。武后想起来她那本论妇人之道的书。她把两个兄长贬为远省小县的县令，正如圣旨上所说，皇后对自己兄长也是一样大公无私的。

这件事是武后做的一件轻而易举的小事。元庆一到了大南方的龙州就死了；元爽却死得不这么容易，他又二度流配到更荒远的地方，遭受控告，被处死刑。这二人之死，远在千里之外，一个半野蛮的荒僻小县，在揖让进退圣德清芬的朝廷上，在那清平安谧的日子里，没有引起一丁点儿波澜，没有一点儿声响。

在武后洪福齐天的生活里，有一件事让她不能安享快乐，那就是宫廷里的猫。她怕猫怕得要命。因为以前王皇后和萧淑妃遭受鞭打的时候（打三个地方：背、臂、腿），王皇后咬住牙关，一声不响，萧淑妃则毒骂不已。她说：“我要祷告，我下辈子托生个猫，夜里一跳咬住那个小淫妇的脖子。皇天后土为证，你看吧！”

武后很信巫术，很信来世，现在恐怕在夜里自己睡着的时候，有猫来咬自己的脖子，简直怕得厉害。这种事情也许会发生。因为宫殿坐落在靠近北面城墙的低处，老鼠很多。她宁愿看见千百个老鼠，也不愿看见一只猫。于是把猫也流配出皇宫之外。不知怎么个缘故，她总是做噩梦……在梦里尖声喊叫……在睡眠时的确常喊出声来。

更坏的是，现在王皇后和萧淑妃被谋害后，阴魂始终不散，在皇宫里徘徊不去，武后一个人的时候，常常看见鬼魂出现，脸上鲜血滴落，头发披散着，向着武后走来，然后又无踪无影。这种情形竟在政

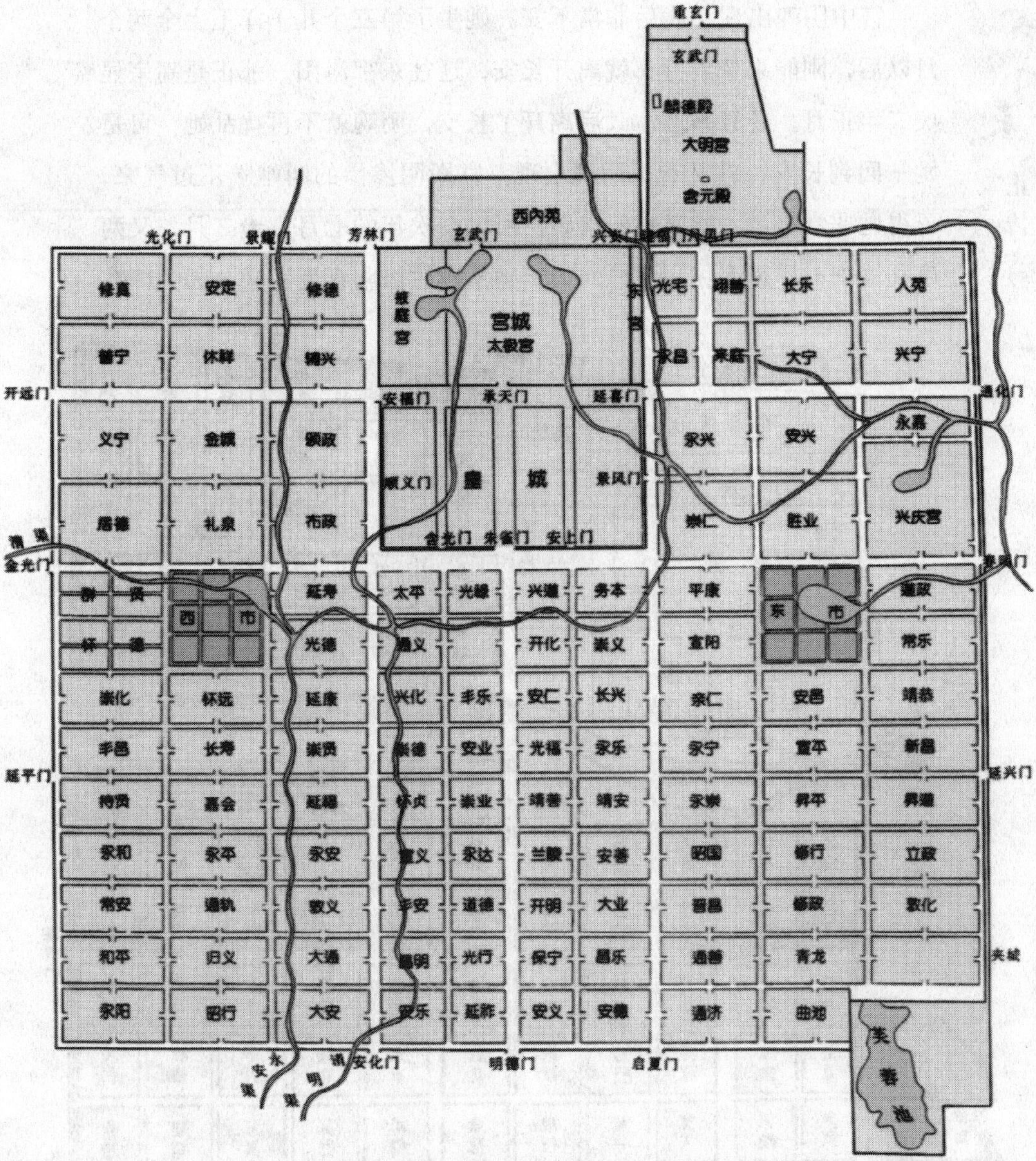

唐代长安平面图
地图 现代

治上发生了不小的影响。那两个女鬼，也许是武后心里看见的那两个女鬼，竟耗费了黎民百姓千百万的金钱，因为武后最后决定再建一座新皇宫，将国都自长安东迁洛阳。

宫中阴魂出现，武后非常不安。她生了第三个儿子泽王上金两个月以后，刚能乘辇出行，就离开长安，迁往东都洛阳，那正是高宗显庆二年正月。还算幸运，武后离开了长安，阴魂就不再扰乱她，可是她一回到长安，就又看见阴魂出现。宫殿阴惨惨的叫她喘不过气来，弄得她非常难过，她又想回洛阳。所以在次年的七月、十二月，又两度往洛阳，尽量多住，不愿回去。她渐渐对洛阳喜爱起来，因为住在

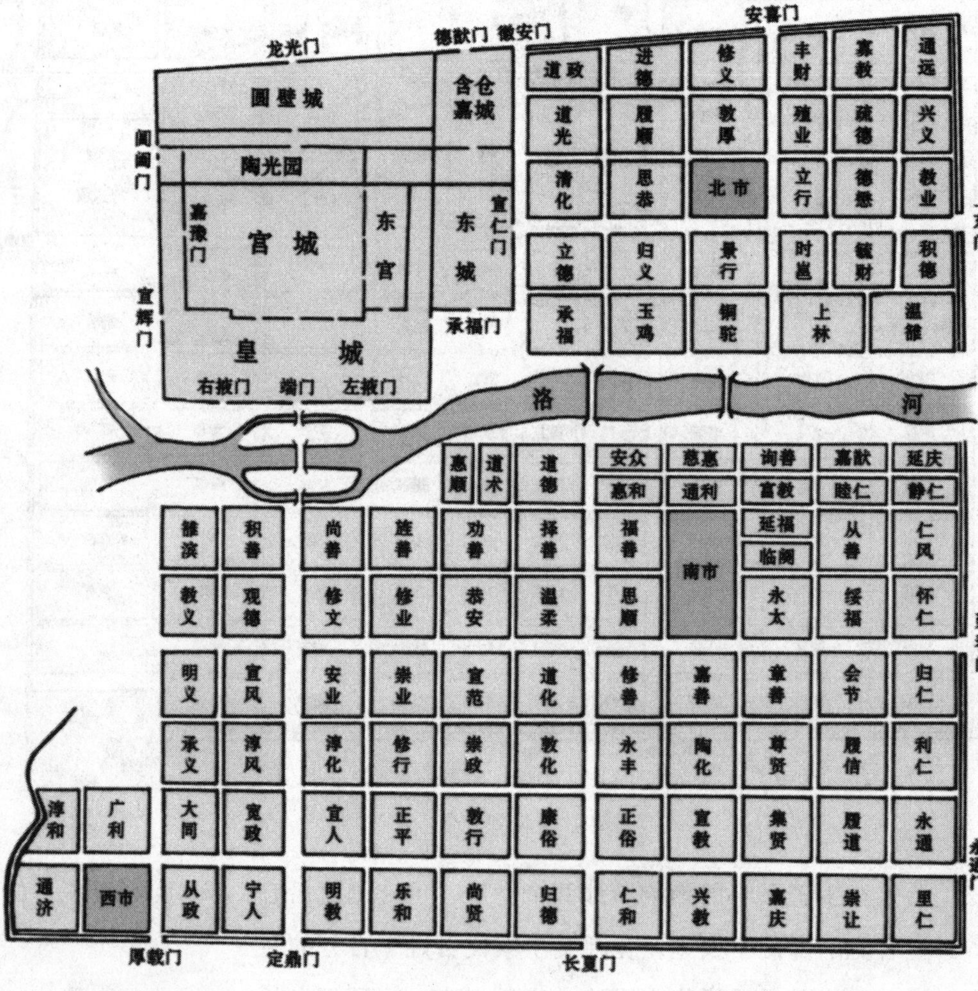

唐代洛阳平面图

地图　现代

永徽六年（公元657年），唐高宗和武则天以洛阳为东都，在此处理国家大事。实际上，唐朝的都城已从长安迁至洛阳了。洛阳平面亦近于方形，洛水自西南向东北穿城而过，分全城为洛北洛南两部分，形成宫城位于全城西北角、东北角和全城的南半部为坊市的布局。

洛阳她才觉得平安快乐。

最后，她终于弃置了鬼魂出现的那座宫殿，至少是她自己看见鬼。她总是关心丈夫的健康，见了谁和谁说丈夫患有风湿病，颇以为苦，因为皇宫的地太低，很潮湿，为了丈夫的健康，她打算建筑一座新的宫殿，建筑在较高的干燥的地方，虽然要费些金钱，但是为了皇帝的健康，为了皇帝的幸福，花钱也是应当的。新皇宫后面是御花园，有青翠的山岗与西北的雄山峻岭蜿蜒相连。她择定了地基，在北面城墙以外，旧宫殿以东，与旧宫殿之间有一个花园，东西相连。于是旧宫便废置不用，新宫叫大明宫（最初叫蓬莱宫），便成了皇后的新宫殿。

第十三章
大清洗

武后对事情总不会忘记。褚遂良虽然去了，但对长孙无忌、韩瑗、来济的夙怨还没有了。她还记得有人反对她册立为后，有的人不置可否，有的超然局外。许敬宗把一切事情都奏明给她，大臣的一切她无不知道。比如说，长孙无忌就是超然局外的，一言不发。他不屑于涉身政事，与史官国子祭酒令狐德棻编辑《武德贞观二朝史》。还有些人置身事外，不肯参加合作。武后最恨的就是思想独立，最不能容忍的是别人和她的意见不同。韩瑗和来济都是元老重臣，耿介刚正，忠言直谏，不懂谄媚逢迎，不知道遇事立即与武后意见一致。高宗这个丈夫，天生地优柔寡断，毫无魄力，不但对武后没有帮助，简直是武后的累赘，正当春秋鼎盛之年，虽然看来还不像一个已经朽废的破船，但是已经各处松散吱嘎乱响了。武后喜爱秩序规律，而她看来，朝廷上却是杂乱无章的一团。

现在到了武后巩固自己的力量，建立一个由自己控制的政权的时候了。曾记得武后讲那个悍马的故事，还有铁鞭子、铁锤子和利剑吧？现在她要用那根铁鞭子，要把全朝廷鞭打成个新样子。像马戏团里一样，她先要摆出个架子，把鞭子劈啪打几下儿。

侍中韩瑗是将挨这第一鞭子的，这因为武后的真正用意是要消灭太尉长孙无忌。但是无忌是皇帝的肱股，最有威望的人，不容拉拢为己用。武后并不插手就去对付无忌，这是她政治手腕高妙的明证。因为无忌是众望所归的重臣，必须先把别人消灭，让无忌孤立起来。

韩瑗给了武后第一个机会。他竟敢奏请高宗赦免褚遂良的罪。因为褚遂良遭受贬谪，韩瑗的良心上始终不安。等待了一年之后，他以为作为一个朋友，作为朝廷的侍中，当朝廷对贤能之士处置有失公正之处，他应当奏请矫正，申雪冤屈。太宗时代的政风，有些仍然存在，贤良之臣对于国事，对于朝政，乐于固执己见。如有必要，即使冒犯君主，失去官位，亦在所不惜。

一天，韩瑗细心缮成一本，上朝奏称："朝廷贬谪贤良之臣，向为政风败坏之征。遂良殚毕生之力以事先王，廉洁自矢，光风霁月。先帝引为知己，视同兄弟。遂良不言则已，言必公忠体国，荩言谠论，先帝受益亦多，是以临终选择，以受遗诏。此事陛下尽知，固不待臣之哓哓也。臣承恩充侍中，夙夜警惧，深恐小有不慎，贻大患于来日。今正义不行，贤臣远谪，臣纵欲默默，岂可得乎？"他接着又从历史上引证实例。他说国家之衰亡，政治之腐败，皆因为疏远贤直忠谏之臣。古代贤主明君莫不奖励伟论，渴望忠言。因此深望高宗皇帝效法先帝。他结论称："遂良虽有忤君之罪，然已受有一年之苦。陛下其怜而赦之乎？"

韩瑗也许不知道武后正坐在帘后，也许根本并不在乎。他奏完之后，皇帝说：

“你说的话我很敬佩。只是我以为你把事情看得太严重。我知道遂良为人正直，不过对我过于无礼。他对我如此大不敬，我贬谪他难道错了吗？”

韩瑗斩钉截铁地回奏说：“臣意不以为然。一国之兴，在于选用忠良之臣，在使忠良之臣能在其位。问题是究竟陛下需用奴才，还是需用人才。所谓一蝇之微也会使白布玷污。如今臣深惧小人之势长，君子之道消矣。”韩瑗一时失口，竟引用不得体古语，“《诗经》上说：‘赫赫宗周，褒姒灭之。’臣不愿见唐室之衰亡也。”

引用周朝亡国的褒姒，这个典故太不妥当了，话说得太不机敏，不够圆滑。这似乎是公开侮辱武后。朝议之时，武后不声不响，不过她的缄默倒更为凶险。韩瑗的命运算是注定了。

高宗怒吼说：“你下去吧！”

韩瑗十分沮丧，回家之后，修本辞官，但是皇帝不准。他这次求高宗赦免褚遂良，反倒使褚遂良立即被贬往更远的地方——广西桂林。虽然唐室组织机构依然如故，看来唐室的灭亡，已经开始了。

次年，韩瑗、来济，被控结交燕王忠，图谋造反。因为武后定了一个庞大计划，要把反对她的人完全罗织在内。她记得前太子燕王忠，在十三岁时被废，孤苦伶仃，无人照顾，生母出身卑微，义母王皇后又死去，情形极为特殊。心想利用燕王忠，诬他僭图皇位，以他为中心人物，设计一个阴谋，把韩瑗、来济，一切与自己相左的人，一网打尽。只要与自己意见不合，只要妨碍自己野心的，都归入燕王忠一党，都算是叛国奸贼。于是，此后几年，在朝廷的政治上，都以这个孩子为中心，将忠良之臣，罗织株连。可怜燕王忠还不满二十岁，惨遭迫害，恐怖万分，只觉得一条性命，朝不保夕。

韩瑗流配琼崖，在广东海南岛，夷民之地，蛮烟瘴雨之乡；来济则流配百越。

此种流放，皆由皇帝随意决定，无需许敬宗特别提供罪名。罪名也许确实可靠，也许子虚乌有，如果确实可靠，燕王忠自然无法逃命，韩、来二人也势必斩首处死。罪证确凿与否，并不关重要。有证据也罢，无证据也罢，许敬宗知道武后全力支持他。韩瑗流配之后，许敬宗就升任了侍中之职。

不幸，这还不算呢。许敬宗接着煞费苦心，诬构案情，最后坚称这个阴谋造反的领导人物是褚遂良，在广西桂林发动的，并且说这就是韩瑗位居侍中之时，为什么要将褚遂良送到桂林的理由。后来褚遂良更遭远谪，远离了皇权的文教之邦，到了爱州（即今越南清化）。遂良修了一个表，简短而动人，追叙当年高宗在太宗灵前即位之时，痛哭失声，伏在遂良肩上。遂良自恨有忤圣意，请求高宗赦免他的罪，准他安度晚年。表奏上去，如石沉大海，毫无消息。

孟法师碑（局部）

书法　褚遂良　唐代

褚遂良通文史，精书法，其字被认为“字里金生，行间玉润”。在高宗统治初期，褚遂良竭力反对“废王立武”，由此被贬为潭州都督，转桂州（今广西桂林）都督，又贬爱州（今越南清化）刺史。显庆三年（公元658年）死于任所。

一年之后，遂良病故，葬在爱州。两子也贬在爱州，也先后病故。王皇后的舅父柳奭也在远谪后丧身异乡。这都是反对武氏册立为皇后的结果。这也正好表示出武氏一贯的手腕，反对她的不得善终。褚遂良，刚毅忠贞之士，功在国家，竟落了个如此凄惨的下场。

第十四章

还剩一个对手

韩瑗、褚遂良、来济，都在武后的钢鞭之下粉碎了，只剩下长孙无忌孤零零的一个人。无忌也感觉出将要发生什么事情，于是继续致力编《武德贞观二朝史》。全书共八卷，杀青之后，皇帝赐绸两千匹。

现在刀刃儿向长孙无忌落了下来，这位太宗皇帝的肱股之臣，大唐帝国的开国元老。当然，除去无忌之外，武后还要把几个人消灭的消灭，罢斥的罢斥，例如将军于志宁，也是太宗皇帝的旧臣，始终不向武后附和。武后谋害忠臣，总以那个莫须有的燕王谋反为借口。许敬宗继续不断在他那虚无缥缈的想象中捏造那个谋反案。在次年春天，高宗永徽四年，许敬宗呕尽心血找出了一个长孙无忌参与燕王谋反案的证人。原因是，无忌有一个友人魏季方，因被控贪污被捕。许敬宗现在官居中书令，兼大理寺卿，而大理寺内官员全系敬宗党羽。审案时，判官说，如果魏季方咬定无忌同谋犯罪，魏的罪就可以从轻发落。魏也许受了贿赂，不过出卖好人，他却不干。用刑之后，魏仍然拒不招认，并且企图自寻短见。已经在身上自刺数处，即将死去，许敬宗一看无法从他身上获取证据，眼看他横竖已经没命，于是向高宗奏称，魏季方已经招认，叛党的魁首不是褚遂良，而是太尉长孙无忌。

高宗大惊，命许敬宗的心腹侍中辛茂再行侦察。虽然魏季方那个垂死之人已经不能说话，侦察的结果完全一样，证明无忌犯罪，完全属实。

高宗说：“辛茂愚蠢无用，所奏不可听信。舅父绝不会做此等事，他又何必呢？”

许敬宗回答得很快。他说，皇帝也看得出来，无忌数年来一向置身事外，凡事退后，实属心存不满。以前他曾经倡言立燕王为太子。燕王被废后，他颇不自安。并且他一向与武后为敌，如今心中恐惧权位将失，所以潜谋造反，拥立燕王，以便自己大权得保。

长孙无忌像

长孙无忌受到唐太宗信赖，受托辅佐唐高宗。但因反对高宗立武则天为皇后，为许敬宗诬构，削爵流黔州（今重庆市彭水县），自缢死。

高宗心里难过，贬斥无忌就如同自断左右手。他犹豫不决，不肯下诏逮捕。自己叹息说：“我家不幸，亲戚当中竟会出这种事！”

可是许敬宗不断催促高宗立即逮捕长孙无忌。他提醒皇帝说，无忌与先朝谋取天下，众人服其智，做宰将三十年，百姓服其威，可谓威能服物，智能动众。如今阴谋败露，恐怕被迫之下，朝夕起事。事情急迫，不可延缓。再者，皇帝当以国法为重，亲戚之情为轻才是。

高宗说：“让我再仔细想想。”但他连亲自召见无忌的勇气也失掉了。当夜，有武后在旁，他下诏逮捕那位唐朝开国元老齐国公太尉长孙无忌，流配黔州。并且下令保留无忌的官爵，在往黔州去的路上，地方官仍当以接待朝廷一品大员之礼相待。

一个大臣一旦失宠，流谪在外，也就不难收拾了。次年，许敬宗从大理寺派大理正袁公瑜往黔州去。袁公瑜就是以前为反对废王皇后，在无忌府邸会议后，立即向武后之母杨夫人告密那个人。袁公瑜奉命要向无忌取得株连别人的供词。当然无忌严词拒绝了。

袁公瑜向无忌说："你为什么不自缢身死呢？你死之后，我总会想办法在你的供词上替你签名的。"

事情已然无可避免，情势也已经山穷水尽，太宗皇帝的内兄齐国公太尉长孙无忌，就接受了袁公瑜的意见，自缢身死了。关于大理正袁公瑜所奏呈的无忌供词一事，据说袁公瑜在从京城启程以前，就把无忌的供词全部预先写好了。

袁公瑜这次出京，也受命去找韩瑗，打算用收拾无忌的办法一样对付他。幸而韩瑗已死。袁公瑜令人打开韩瑗的棺材，验明正身无误才回京。韩瑗和无忌两家都流配岭南，成为奴隶。

燕王忠这时才十八岁，被罗织莫须有的冤狱，自己一无所知。被废为庶人之后，也被流配在无忌遭害的黔州。亲眼看见几年以内发生的一桩桩的事，连朝廷重臣长孙无忌都难幸免，于是自己恐惧遭害，惴惴不安，常改穿女服，夜间睡觉则时换床榻，借以躲避刺客的暗杀。他的恐惧越来越厉害，常有恐怖的噩梦，从床上惊起。远在异乡，孤苦伶仃，无人问寒问暖，更兼惊恐惶悚，昼夜不安，于是日形憔悴。在继母武后眼里，他这条命显然还不无用处。因为他一旦死去，谁还能被诬控为一名图谋王位的王子呢？

在武氏执政五年之内，太尉长孙无忌、褚遂良、韩瑗都死了。来济初贬为台州刺史，后突厥入寇，来济领兵拒敌，愤怒失望之余，冲入贼阵而死。燕王忠的冤狱完全是许敬宗的伪构，而太宗皇帝当年开国的元老大臣都死在此冤狱之下，老将于志宁也在内，李唯唯诺诺得以幸全。朝廷上把忠直刚正之士都已肃清。在位的都心怀畏惧，知道非在武后面前奴颜婢膝，不足以苟活。武后的亲信小人许敬宗、李义府都飞黄腾达起来，对武后一味胁肩谄笑，毕恭毕敬。武后已经把大唐的天下牢牢地控制住。

第十五章

过一夫一妻生活的皇帝

高宗现在已经无能为力，羽翼都剪除了。武后并不是把大权抢去的，大权是从高宗手里轻轻滑落的。在朝议的时候，高宗遇事不能决断，甚至于弄得茫然摸不着边际，这时武后对当行当断之事表示明确的意见，这算是她的过错吗？她渐渐参加朝政，与群臣议事，意见表达得条理清楚，结论下得坚定不移。在这方面，她的确于事裨益不小。在这种情形下，高宗知道群臣和她的意见日形接近，日趋一致，对她的指示都遵命办理。现在再也没有个像韩瑗、来济遇事劝阻的人，再没有像那样坚持己见的人。朝政自然进行得很顺利，不过是过于顺利了。朝廷上很“联合一致”，没有提出异议的声音，无须制伏不肯妥协的人，没有一个人向武后陛下说声“不”。许敬宗、李义府、袁公瑜，还有另外一些人，共同结成死党，通力合作。这群狐朋狗党完全是贪污腐败，唯利是图，抢人田产，夺人妻子，只是不直接犯上作乱而已。而李义府的巧取豪夺，尤为远近闻名。他母亲死后，出丧时送殡的行列竟达数里之长。这样又有什么关系呢？皇后愿意看见向她唯命是听的人有权有势，富贵荣华。但是这种权势荣华都是由皇后随时予夺的。

高宗皇帝三十二岁时，越发衰弱多病，朝廷情形也越发不可收拾。从高宗永徽五年，他就时患头晕，并有关节炎，不断地头疼、背疼。两年之后，又两臂麻木，时病时愈。常常不能在朝廷上接见群臣，即使坐朝，精神也不能专注。皇帝的精力日亏，皇后之势日壮。于是皇帝皇后之间的私人秘事，竟成了人们闲谈的话题。

在家庭里，高宗抑郁寡欢，日子过得非常寂寞。有的人是生而贤德；有的人是被迫之下，勉强过着贤德的生活。高宗虽有四妃、九昭仪、九婕妤、四美人、五才人、八十一御妻，在武氏那样阴狠嫉妒之下，有这些女人又有什么用处？只要是记得以前王皇后和萧淑妃的命运的，谁肯冒生命之险与皇帝同榻呢？这就是为什么武氏一得权之后，高宗的孩子都是武氏所生的原因。这种情形的确是异乎常情。太宗皇帝有十四个皇子，由十个母亲所生，另外有二十一个公主。太宗之父高祖有二十二个皇子、十九个公主。

高宗的婚姻生活，仿佛是被武后洗涤得干干净净，而且高宗的生活，纯属规规矩矩的一夫一妻制，就如同他不是皇帝。武后认为女人太多，会损害皇帝的健康。这种制度必须改革，于是就改革了。皇妃、昭仪、婕妤、才人、美人，都取消了。但是帝王之尊，后宫之内必须有不少的妇女；帝王的生活不能像一个和尚，不能像一个穷庄稼汉，否则要被王公笑话。不过数目上不妨减少，职务也另予规定，成为辅佐圣德的女官。为了提高道德，武氏创立了一个新制度，嫔妃的数目当然是削减，将皇妃改为二人，名叫“襄德”，官居一品；

二品者四人，名叫“劝义”。官名堂皇而雅正，而这几个女官，都要劝导皇帝，要使皇帝居德由义，不要越出名教一步，这是当然的事。其他各宫女也各有所司。卧房婢女的任务，是照顾衣橱、登记礼品、传达命令、跑零碎差使。这样一来，宫廷之中，仁义道德之风为之一振。而高宗在皇族弟兄眼中，乃成了可怜虫。

不过，又有一个例外的情形。武后有姊妹各一人，妹妹已经亡故。姐姐嫁贺兰越石，丈夫已死，而今居孀在家，在武氏为后时，已受封为韩国夫人。因为妹为皇后，得以自由出入宫禁，不受宫廷规则限制。与皇帝皇后同桌进餐，在宫中亦有居室。如此天长日久，皇帝不觉对她钟情。于是，人们窃窃私语。据说贤王就是韩国夫人所生，并非武后亲子，此事容后交代。

在皇宫之中，往往有皇帝宠爱的女人吃东西后，突然倒地暴卒的事。韩国夫人一天中了毒，倒地抽搐而死。这也许是巧合，可是后来有些与高宗亲近的女人也死得一样。在御膳房里，不会有什么阴谋，因为皇家设有专门官员在厨房监视烹调，特为提防意外的。高宗又闷又气，可又不敢追问，因为亲眼看见武后，这位中毒而死的韩国夫人的妹妹，从容自若，无动于衷，只好认为韩国夫人自己吃了什么东西，无须派人调查了。

韩国夫人的中毒暴毙，在高宗和武后的夫妇关系上引起了一个突然的变化。高宗现在非常孤独，无人可与畅谈，倾吐一下心里的郁闷，他觉得四周围的墙垣越逼越紧，在大庭广众之下，固然要仰承皇后的鼻息，俨如臣属；即便在家庭生活方面也毫无自由，一举一动也受人严密监视，受人限制约束，什么女人也不能接近。他心里恨谋害自己情人的那个女人，竟然谋害自己的亲姐姐。他心里很不安，很难过，因为与韩国夫人的私通，竟使韩国夫人遭受谋害而死。他觉得羞愧，觉得胆怯，觉得怕武后，在武后面前的时候，他似乎总要动辄失宜，遭受武后指正。

为要纪念韩国夫人，高宗将韩国夫人的妙龄美貌的女儿封为魏国夫人。他的脾气变得很坏，动不动就发怒，心里没有片刻的宁静。那位十几岁的小姐魏国夫人，是他唯一无二的安慰。他为什么不能当个大权独握堂堂正正的天子呢？为什么不能为所欲为呢？

唐代宫女

壁画　陕西乾县乾陵永泰公主墓　唐代

在唐代宫廷中，既有管理日常生活事务的女官，也有负责杂务的侍婢、织婢等，宫女的身份地位不尽相同。

一个精明强干的妻子，事事都是她自己做的才算对，什么事情都是蛮有把握的，并不是丈夫的福气。在她跟前，不能松懈一点儿，不能有一霎时的放荡，不能有一霎时的随便。高宗对武后有点儿厌烦了，于是他策划了一次革命，最后一次革命。发生的经过是这样。

若说蓬莱宫的兴建是为了高宗的健康，也有一些理由，因为他不断头晕，骨头疼痛，筋肉麻木。不过，旧宫里老是有横死女人的阴魂出现，武后要换个地方躲避邪魔作祟，才另盖这所新宫，这么说也颇有道理。新宫并不只是一所新房子，里面有全套成格局的大厅，有坐朝的大殿，有专用住宅，有花园，靠东边有为太子特建的宫院，有书房，有侍中和中书令的公堂等等。是由京都附近十五省征来的十万民工建筑的。文武百官奉令捐献一月的俸饷，补足建筑的经费。新宫的一切都是崭新的，比由隋朝接收来的旧宫富丽堂皇得多。

武后时时在活动，没有片刻稍停，真是把高宗折磨得厉害。她喜欢新的宫殿，新奇的官衔，一切新奇的事情。在高宗龙朔二年二月四日，武后把文武百官的官衔再议之后，多有更改，其实并无明显之理由。过了八年，又改回旧名。这样，至少她自己觉得是在有所作为，并非因袭历代帝王的成规。因为深信自己的命运，她欢迎一切上天的征兆，真的也罢，假的也罢。她已经把高宗的年号更改了两次。有一次外省一个农人，在洪水泛滥的时候，看见了一条鳄鱼，在浑浊的水里，那条鳄鱼看来像一条龙，的确像一条龙。也许是一条龙。武后相信那一定是一条龙，那是帝王的祥瑞之兆。于是她把高宗的年号改为龙朔。新宫中的朝议大厅含元殿落成的时候，她又把高宗的年号改了一次。据说孔圣人降生之时，曾有灵兽麒麟出现。这次是有人看见了御膳房抛弃的一个鹿趾，奏称大概是麟趾。武后相信那一定是麟趾，于是把高宗的龙朔年号又改成麟德。

把皇帝的年号一改再改，令人计算年代非常不便。可是这种情形竟然愈演愈甚。因为一则武后相信文字的魔力——她一再更改王公的名字，以后再提。二则她喜爱发号施令，一时心血来潮，便颁布旨意。比如说，早饭之后，她说："我想到了一个新名字！就叫它吧！"就轻而易举地改了。往以后看，就知道她改变历法，把十一月改成正月。她所要做的只是说一声："一年由十一月开始吧。"后来又说："一年还是由正月开始吧！"有时在一年中间，她把皇帝的年号改变两次，所以那一年就有三个年号。比如说，武后甲申年就是。她一生所更改的皇帝年号，累积有三十三个之多，真是女人反复无常轻举妄动的奇闻。别的帝王的年号，通常只有一个。

现在新宫里又闹了奇事。新宫之兴建，是好让武后离开旧宫，因为旧宫闹鬼。但是旧宫的冤魂似乎随着武后来到了新宫。这也颇合乎情理，因为新宫原与旧宫接连着。新旧两宫之间，人走起来也不过十五分钟，何况是鬼呢。武后找了一个道士郭行真，画符念咒，燃烧纸符。这种令人怀疑的举动数夜相连。这些夜间的活动武后是何所取意，谁也无法知道。一夜一夜的，只有武后和郭道士在一起。据说，除去武后，任谁也不能走近，否则冤鬼便不肯离去。非得断绝人迹万籁无声才行。

武后连夜和道士秘居室内，由太监王伏胜奏明高宗。高宗一听大怒。与道士秘密相会姑且不提，求男觋和术士作法就是大罪，王皇后就是那么犯罪死的。

龙形金器
金器　唐代
龙与凤凰、麒麟、龟一起并称“四瑞兽”。龙的形象大约定型于汉代，常作为帝王的象征。龙的出现被视为帝王的瑞祥之兆。

高宗的心里出现了一个念头，自己也惊惶不定。自从韩国夫人死后，他和武后的夫妇之情就流于勉强，徒然存个形式。他怀疑武后谋杀了他的情人，武后自己的亲姐姐，不过话放在心里，没有说出来。自己忧郁，凄凉，性情暴躁起来。结婚了五六年，高宗已经看出来武后心肠硬，狡诈刁滑，野心勃勃，狠毒残忍，而且妄自尊大。当年对高宗逢迎阿谀，曲意奉承，现在对高宗竟傲慢不恭，时露愠色，往往教训纠正，像对小孩子说话一样。至于房帏之私，高宗对武后已经很冷淡，正如武后对高宗一样。高宗多么喜爱自由，多么好色！可是，说实话，他是怕武后。若把武后绳之以法，像对付王皇后一样，而且是控以同样的罪名，他不就可以自由了吗？这是个什么想法呀！以前从来没想到过——要脱离武后裙带的束缚。束缚他的桎梏一旦弄开，他该多么欢喜雀跃呀！他所需要的只是勇气而已。

高宗把心事告诉了中书侍郎上官仪，他很信任的一个大臣。上官仪是个诗人，他曾创了上官体，极为时人爱好模仿。这位诗人与高宗的意思不谋而合，他提醒高宗身为天子，并力劝高宗将武后废掉。高宗只要签发一道圣旨，看吧，哪里还有什么武后！

高宗吩咐上官仪说："好吧，你起草诏书吧，可千万保守机密。"

不过，这件事情不像他想得那么简单，不像以前他囚王皇后那么简单了。那天晚上，高宗坐在书案前，那道圣旨放在书案上。其实高宗只是欺骗自己，他应当知道他一举一动都有人禀报给武后，虽然武后发表过提倡妇女道德的书，劝妇女对丈夫要恭顺，要服从。那是另一件事。

突然间，武后走进来，两只眼里怒火如焚，怀疑的眼光向高宗瞪着。高宗的脸色变得苍白，好像见了鬼。

"这件事情是真是假？"武后这么问。

"什么是真是假呀？"

"不用假装不知道。王伏胜控告我寻求巫术……先别插嘴……圣旨放在哪儿了？"

武后的眼睛看见书案上那张黄纸。高宗坐在椅子上惊慌不知所措。

高宗说："不是，不是。只是个草稿。都是上官仪的主意。他想的主意。"

武后怒吼一声："给我！"

高宗赶紧递过去，这种习惯之养成，也不是一朝一夕的事了。武后立即把那张纸撕碎。

武后坐下说："我得跟你好好儿谈一谈。我早就想跟你说，那么今天正好说个明白。你一直不去找我跟我说，反而听信一个太监的话，真是蠢笨得厉害。我只是要把新宫的邪魔驱逐出去，没有别的……我做你的妻子，有什么有亏妇道的地方吗？"

高宗不言语，实在不能说她不对。

"我要说的就是这个。现在也是个好机会，正好说一说。新近我看见你很郁闷，很爱发脾气。我以为这都是因为你身体不好，所以我没说什么。我一向很忙，你也知道，忙新宫殿，还有千千万万的事要费心。我夜里醒着——想将来，拟订计划，决定文武百官的任用升降，决定朝廷大事，不都是帮助你吗？若有人要夺取我的地位，就让她来。我巴不得把辅佐你成个圣德之君的这副重担子放下呢……”

高宗觉得心烦意乱，身子颤抖，头发晕。现在不愿谈论什么朝政国事。忧郁、沉默，像一个闹脾气的孩子。

武后接着说：“不过，我也知道，当然背后还有别的原因。有些事情我虽然做了，其实我并不愿意做，像长孙无忌和褚遂良的案子就是。你这个人心肠太软。他俩的事情若不是我一意坚持，谁敢说今天闹到什么地步！总算万幸，乱党破获得还早。我当时若不坚持严办，你今天还能稳坐江山吗？要紧的是，一个天子，应当知道自己是个天子，所作所为要像个天子。我在这里辅佐你。我为什么要盖一所新宫呢？还不是为的你？我对自己，一向不辞劳苦，不求安逸。我只是要帮助你，让你成个名主贤君，英武有为，你还需要勇气，需要自信。你看咱们大唐帝国！突厥、吐蕃，连昆仑山外的夷狄都向咱们求和。看情形高丽不久也可以平定的。我知道我能够做得到。一些远大的计划我都给你订好了。咱们必须兴建新的宫殿，立碑刻石记功，封贵族，赏功臣，功勋彪炳，远胜过前代各朝的帝王。做个雄才大略的皇帝吧！我俩携手并进，一定成功无疑。你看你，听信一个太监的话，做这些无聊的事情，简直跟个孩子一样！”

武后这一大顿教训，弄得高宗头晕眼花，心烦意乱，急想摆脱帝王的重任，懒得决断国家的大计，身心痛苦，急需休息。最后，他愁眉苦脸地说：

“我相信，没有我，你一个人也能治理天下的。”

“我相信我能够。不过我只是要帮助你。你看你病的这个样子。现在早点儿去睡吧，好好儿睡一睡。别胡思乱想了。”

高宗无可奈何，回头望了望，重获自由的心烟消云散了，像瘸子倚靠一根拐杖一样，有这么个强有力的靠背倒也不错。

武后凭着她手段敏捷，把一场大祸消灭于无形。设若她是一个平庸的女人，设若高宗是另一个男人，那情形可就大不同了。不过，这次高宗竟萌发废却她的念头，倒真使她吃惊。简直从来连做梦也没梦到过。武则天怎么会梦到受人消灭！她回到屋里，越想越气。真是受了侮辱，竟有人想要消灭她！这种事情，以后再不能有！

她自知大权在手，利刃在握。得给群臣一个教训，一劳永逸才行。杀一个大臣容易得很，下一道圣旨就行。她把许敬宗召进宫去，许敬宗想就妙计，说燕王忠身为太子之时，那个太监和上官仪曾经亲侍燕王忠。那么显然是燕王忠的乱党！于是指以附逆的罪名，把上官仪和太监王伏胜斩首于市，上官仪的家人充做奴隶。后来上官仪的孙女上官婉儿进宫为婢女。再往后中宗在位时，上官婉儿扰乱朝廷，此是后话，本书结束时再表。

燕王忠谋反的冤狱用得过于广泛，且已过于陈旧无味。武后觉得这个办法已经失去效用。后来燕王忠这个无知的童子，本来就昼夜恐怖，生怕被刺客暗算，终于被控求巫问卜，求人解梦。其实所控倒与事实相符。这个可怜虫朝夕祈求平安，终于得到了平安。身为王子，不能当众处死，奉旨以三尺白绫，自缢而亡。死时才二十二岁。生身之父虽为一国之主，当然也无法相救。

第十六章
封山大典

诗人上官仪之死，在高宗当政上正好划一段落。高宗要摆脱开武后的决心还不足二十四个时辰，与武后的交战便大败而退，并且后来对武后更恭顺、更依赖了。一场反抗于是告终，而且是最后的一次。此后，在朝议之时，武后便坐在紫纱之后，参与问答，文武官员耳朵听到的是女人洪亮的声音，不是男人的声音。这样便习以为常，成了定例。男子坐朝之时，女人也出而参与，自然悖于正礼，但是武后借口丈夫患病在身，她出而从旁帮助，并无不可。并且武后从良心上说，认为高宗也是需要她。事实上，谁都知道，武后喜爱政治生活，政治就是她的性命。沿袭日久，在私下谈话，在正式公文上，朝臣都称高宗与武后为“二圣”，不再单用皇帝陛下高宗了。

高宗要将武后废却，出乎武后的意料，一惊之余，武后明白高宗对她已经失去了恩情。高宗当然也够不上一个英俊多情的男人，自从武后的姐姐不清不白地死去之后，高宗就对武后有点儿异样。高宗是否怀疑武后下的毒手呢？在高宗和武后二人之间，从来没有再提这件事。也许高宗对韩国夫人还没有忘情吧？

武后忽然一天想到换一下环境对她和高宗都有益处，可以忘记了那些不快的事故。他俩若往东都洛阳去一趟，这样她可以消散一下自己可怕的心思，逃避一下旧都里谋杀的气氛。不错，她又想起来，他俩常说，也曾几次计划过，去封泰山。这样旅途遥远，正好新鲜一下，换换心情。封泰山是万分隆重的大典，家庭的事故和争吵自然就淡忘了。

于是在高宗谋废武后的半月之后，正是次年的正月，高宗与武后出发往东都洛阳。洛阳离长安两百里远。这次圣驾出巡，高宗武后心情都不错。武后一向喜爱洛阳，并且愿意建洛阳为国都。隋朝的宫殿已经破旧了，太宗皇帝在世之时，在宫殿上没有大费钱财，在武后眼里，真是美中不足。不过，武后认为洛阳颇可供建都之用。于是就在此次出巡当中，武后下旨在洛阳建一座新宫，名叫乾元殿。长安已然有了两座宫，为什么不可以再盖上第三座呢？不管武后到什么地方，总愿留下碑铭石刻、宏伟的宫殿。这种习惯随着武后的年龄，竟每况愈甚。因为新的建筑，总是表示发展昌盛，表示荣耀权威。那就仿佛一个皇后说："这里我要盖一座宫殿。"于是，看哪，一座宫殿就盖成了。周王苑迤西，有一座御花园，名叫上阳宫，里面古木参天，真是难得的嘉树，但是楼台简陋，彩漆剥落，房顶上野草丛生。武后于是下诏重修合璧宫。合璧宫竣工之后，武后得暇便与高宗幸临，休憩盘桓，近在咫尺，往返极便。武后真喜爱洛阳。

高宗极其佩服武后充沛的精力。现在，她又开始准备泰山之游了，日期定在十月。封泰山是国家一年的大典。朝廷之上，忙得不堪，一年一度的百官政绩的察考，升品的遴选，每年要费几个月的工夫，今年也只得暂停办理。除去新殿的兴建之外，四月又在邙山下校阅三军。武后忙个不停，拉着高宗那个可怜虫这里去那里去。

武后身材高大，高宗瘦小枯干。在五月，许敬宗和司空李奉旨筹备封山大典。高宗知道武后喜爱夸耀，喜爱热闹，喜爱辉煌的游行，喜爱隆重的仪礼，而这些在封山的大典里则无不具备，可是高宗自己却怕这次迢迢长途至为劳人的旅行，要离家六个月，在这漫漫悠长的半年当中，他再享受不到公退闲居的宁静，因为在这封山的大典里，全朝的文武都要随驾前往。若按他本心，他宁愿安居在家，和美丽快乐的小侄女魏国夫人共同消磨恬静的黄昏时光呢。

到底“封泰山”是怎么回事呢？封泰山是一个帝王最为浮夸的举动。其庄严炫耀之盛，其宗教含义之深，远出其他典礼之上，仪式隆重，耗费甚巨，但为帝王对神明最虔诚之举，历代明主贤君多遵行此种典礼。其中具有神秘之义，圣灵之旨，借此使凡世之君王与宇宙之神祇，得以相接，得以相通。更进一步说，皇帝的封泰山，也可以表示皇帝盛德之隆，配得上尊崇上天之神。在祭典中，皇帝以四海清平，万民安乐，敬告上苍，并对上苍嘉佑，恭致谢忱。武后曾记得少女之时，随侍太宗皇帝，亲见封山盛典。当年就极其

大明宫（复原图）

大明宫初建于唐太宗贞观年间，大规模营建于高宗龙朔时期。“龙朔二年（公元662年），高宗染风痹，恶太极宫卑下，故就修大明宫。”自唐高宗起，唐朝的帝王们大都在大明宫居住和处理朝政，大明宫作为国家的统治中心，历时达二百余年。

喜爱，并非喜爱典礼之隆重，而是喜爱帝王之尊荣显贵，典礼之堂皇美观。

事实上呢，封山之行是朝廷皇族和百官一个长而缓慢的行进行列，行经村镇、城市和原野，朝廷行政之常轨为之紊乱，沿途地方为之糜烂。实在无异于整个朝廷跋涉长征，千千万万的人马车辆和王公贵人的侍卫。沿途道路桥梁，必须事先修整坚固，使能负荷车辆的重载。一路停宿的地方，地方官必须给王公、武将和他们的眷属、随员，准备饮食居室，把地方官弄得手忙脚乱，昼夜难安。得罪了王公贵人的小吏，更该大祸临头了。

封泰山与祭天地不同，因为封泰山的性质极其隆重，并不是每一个皇帝可以举行的。非值国家太平，物阜民丰，或开国鼎盛之祥，或拓疆克敌之庆，皇帝没有理由举行封泰山这种大典。此种大典不宜轻易举行，无须明言，妇孺也都知道。当年太宗之父高祖陛下，以大唐开国之君（当然唐朝开国大都仰赖太宗的汗马功劳），虽经诸臣之请，仍自愧德薄功微，不敢僭越。在太宗贞观五年和贞观六年，群臣以华夏一统、四海升平、威被异域、番夷臣服，曾先后两度请太宗封山，太宗不肯。

太宗与武后对封泰山看法，截然不同，颇值一提。当时太宗回答诸臣之请说："照我个人看来，如果百姓安居乐业，衣食丰足，虽不封泰山，也不失为一个有道明君。设若天下混乱，百姓遭受战祸之苦，贫困无以为生，虽然举行封山大典，也不足以粉饰太平。晋武帝统一中国后，自己心满意足，趾高气扬，曾举行封山大典，但在人心目之中，他仍是一个无道昏君。汉文帝不肯行封山之礼，也不失为贤明之主。《礼记》上曾经说过，扫净庭院，即可祷告，此心虔诚，何须供坛？我何必登高山祷告，封数尺之土呢？"

太宗的话的确寓有至理，这种话魏徵也曾说过。太宗和魏徵曾经讨论过封泰山之事。有一次，魏徵违反太宗皇帝的意见，太宗颇为不悦。魏徵说："愿陛下使臣为良臣，勿使臣为忠臣。"太宗茫然不解，问魏徵说："忠良有何不同？"魏徵回答说："后稷，皋陶，全系良臣；龙逢，比干，都是忠臣。良臣身荷美名，君都显号，子孙传业，流祚无疆。忠臣则身受祸诛，君陷昏恶，丧国夷家，只取空名。不同即在于此。"太宗称善。

太宗又问魏徵："你为何谏阻我封山之礼呢？是不是我德薄功微呢？"

魏徵回答说："封泰山，禅梁父，吾君有何不可。只是百姓无辜，遭此蹂躏，有道明君，于心何忍？试看今日国内情况，今年虽幸值一年丰收，但是洪水为灾，自洛水至鲁东，良田千里，全遭水没，村庄房舍，尽付洪流，百姓流离失所，啼饥号寒。固然我朝消灭群雄，天下重见太平，但是百姓十余年来，在隋朝虐政之下，饱遭涂炭，元气损耗殆尽。正如人患肺痨之疾，刚在休养之后，渐就痊愈，岂可使他身负数斗之粮，行百里之路？陛下正如一良医，虽已使百姓休养数年，但仍嫌不足。封禅一行，将有人马千万，络绎于道途。一路之上，试想百姓当纳若干钱粮，出多少劳役？即使免赋一年，也不足偿此损失。"

太宗说："你的劝阻不错，正足以显示上天的恩德。你的才德功劳，使我得以成个有道之君。我的成就也当归功于上苍。我想为感谢上苍之恩，倒无须乎千里迢迢，远至泰山。河南嵩山较为近便，莫如往嵩山一行。你看如何？"

五年之后，太宗终于依从臣下之请，举行封泰山大典，那正是贞观十一年。在贞观十五年，因平定突厥，下臣再度请行封禅之礼，六月有彗星出现，太宗遂取消封禅之行。因上天之嘉许与非难，都可在天象上看出来。只要人间有残忍不义，人与万物不能顺其性而生，于是阴阳失调，必有洪水为灾，祸难出现。太宗皇帝下诏取消封禅之行，原因即在于此。太宗下诏称："寡人宿夜起居，唯上苍是惧。今彗星出现于西方，斯乃上苍示警，寡人不德，未尽爱民之旨，万方黎庶，不克安享太平之福。夫封山一事，乃旷古盛典，不宜常行。况今百姓贫困，元气未苏，封山之行，纵极俭约，亦必费民之时，劳民之力。既非以取悦于上苍，亦无以有获于民心。是以特下诏书，前议封山之典，当即停止举行。"

武后比起太宗皇帝来，则颇为自信，对百姓，则不甚顾虑。在高宗乾封元年正月，发现日食，武后依然欢乐如常，不以为意。本文在此所以不惜笔墨，追述太宗皇帝对封山之看法，正要表示太宗宗教情感之虔诚，此种虔诚之情感，才是真纯无上之宗教情感。后文描述武后在佛教上之奇行怪举，正是宗教上最低劣之行为。太宗、武后之间，有若干点可以比照，举来也甚为方便。太宗为男，武后为女，二人都竭力开创一个朝代。太宗雄才大略，众望所归；武后在才略方面，堪与太宗比肩。唯太宗之伟大具有道德之崇高价值；若以伟大二字之常义论，武后实不足以当伟大二字之义，可是她的罪恶却非常伟大，不比寻常。

第十七章

弱不敌强，古今一理

召集百官的诏书已经颁发。除去镇守军事要地的官员、王公、大臣即将会于洛阳，一齐参加封泰山的盛典。日子一到，大街之上，人声嘈杂，郊区兵马云集，俨若大军营垒。因为除去朝廷的官员之外，还有各处王公，以及突厥、波斯、印度、喀什米尔、印度北部、西藏北部、日本、高丽、新罗、百济等国的官方代表，各部落的酋长。每个王爷的随员都自成一队，有自己的旗、伞、执事、侍卫、仆从——犹如一个五光十色的骑兵队。历史上的记载说，这个盛典的行列长三十里，车、马、骆驼、帐篷等等，挤得大路拥塞不通。夜间只见围绕着原野、村庄，都是一排排圆顶的帐篷。总之，陕西、河南、山东三省的泥土都踩得滚翻过来。

大队人马晓行夜宿，长途漫漫，风尘仆仆。十一月，大队驻在原武；十二月进入山东，驻在济州；歇息十日之后，前往泰山。

封泰山的盛典定于新年元旦举行。典礼有关的各官员，在十天以前齐集于山上，各就本位。正月初一，先在山麓祭天；初二，经皇帝遴选的一些官员随从皇帝登山，以名衔封此神圣的山岳；初三，回到平原祭地。天子与参与典礼的官员，必须在几天之前，斋戒沐浴，戒绝房事。

照往常一样，仪礼的各方面都细心准备妥帖，并经博学名儒检查过。不过有一个新的情形，颇招人们的讥评——就是武后的地位问题。武后把封泰山的仪式单看了一遍，看见献祭礼中没有把她列入，这当然是依照历来的仪式，她心里非常难过。于是给高宗写了一个奏折，措辞非常得体，力陈此种大典无皇后参与，实属大错，理当予以矫正。她说自己必须参与盛典。否则根本不去。文体堂皇裔丽，兹录于下：

仪仗图
壁画　陕西乾县懿德太子墓　唐代
唐朝国力强盛，举行大典或帝王出行时，护卫所持的旗、伞、扇、兵器等不计其数，仪仗场面规模宏大。

登山拜祭之礼,由来已久,于古有征。惟揆其祭仪,尚未臻于尽善。

伏维祭地之义，所以祭先代之皇后，而以男子大臣行其礼，臣妾愚见，实先代之虑而未周也。

尊崇天地之理，实源于男女之别；如以经典为归，当严内外之守。

祭地之坛其形方，献纳之职宜为女。

男子在前，则先后之灵却步，神不宠临，则圣祭之义何托?

臣妾荣居后位，进膳祭以侍先人，愚衷拳拳，调美味于鼎鼎。

孝养之心，无忘于方寸，敬祖之诚，当于见祭典。

呜呼！不克承欢笑与生时，何敢忽祭祀于亡后?

是以居常夜不成寐，五内难安，望天默祷，先灵见宥。

伏望封山之礼中，允妾率领宫妃，参与献祭，以敬以诚，克尽妇道。

庶乎臣妾孝行，树楷模于来兹，灯烛微火，增光辉于日月。

祭礼向来是庄严神圣的事，载在经典，精确详明。如今武后翻陈出新，要参与封泰山的盛典，高宗终于接受了。因为武后不参加，祭典必得取消。天下之事，无不有其原因。弱不敌强，古今一理。

第十八章 大典之后的阴影

在祭天之前，高宗在特辟的行宫里斋戒沐浴，行宫里的灯火彻夜通明。祭坛的三面建有三个高台，四周立有皇帝的黄色旗帜，祭坛是特为皇帝祭天建筑的。祭坛圆形，漆成蓝色，圆是象征天形，蓝是象征天色。祭坛之下，在外面的高台上，另设围墙，供宫乐班演奏。磬与钟在此古礼中特别重要，置于后面，鼓与其他乐器陈列之顺序，与祭祖时相同，祭坛顶上是雕刻在玉石上的祭文，还有三个玉石雕刻的神牌，一尺二寸长，一寸两分宽，上面刻着神名，字上贴有金叶。一个牌位上雕刻着“昊天上帝”，这个牌位在典礼完毕后，就封在祭坛里。另两个牌位上一个写着高宗的父亲太宗的名字，一个写着高宗的祖父高祖的名字，将来典礼完毕之后，这两个牌位便放在金柜里，带回太庙陈列。这三个牌位现在都陈列在石桌上，石桌四尺高，五尺宽，铺着绣有花样的锦缎。奠酒之后，封山之礼开始。祭文装在玉柜里，用金泥封上，上面盖上皇帝的玉玺，再用金绳缠绕五次。然后放在石桌上一个方槽里，槽是早就刻好的。然后用五色土盖上全坛，于是这个祭坛就成了一个高丘，永志这个神圣的封山之地。

这三个典礼分别在三天内连续举行，仪式大致相似。祭天在晨光曦微之时举行。休息一下之后，皇帝由参与祭典的官员陪同到山顶，就在山顶过夜。上山也不过两三个时辰，路是用宽大的石板铺成的。这条石板路就是当年孔夫子走过的，千百年来，帝王、诗人、寻常的旅客，都是从这条大石板路走到那大名鼎鼎的山巅上去的。第二天，典礼在山顶举行，参与祭典的人员，都在当天回到山下的住处。

第三天，祭地在社首山举行，社首山离泰山不过一里多远。享祭的神灵为皇帝的母亲与祖母。与祭天不同之处是坛为方形，漆以黄色，方所以像地之形，黄所以像地之色。不用“雷鼓”，用低沉的铜鼓。

献祭共有三次，照例皇帝首献，武后亚献。太宗的越国太妃燕氏终献。燕氏参与献祭，这样好符合武后坚持女人参与祭典的意思。

祭礼举行当中，每一个仪式都有宫中的歌唱班唱歌，由钟磬、乐队伴奏。十二个钟摆列如圆环，象征黄道带十二宫。典礼进行之时，钟磬之演奏极为重要。不过由于龟兹的管弦乐器的输入，中国的乐队的乐器日形丰富。龟兹的乐器计有五弦琵琶、筝，都是低音的，

编钟

乐器 战国时代

早在3500年前的商代，中国就有了编钟。编钟是中国古代宫廷的主要和声乐器，是等级和权力的象征，每逢征战、朝见或祭祀等活动时，都要演奏编钟。

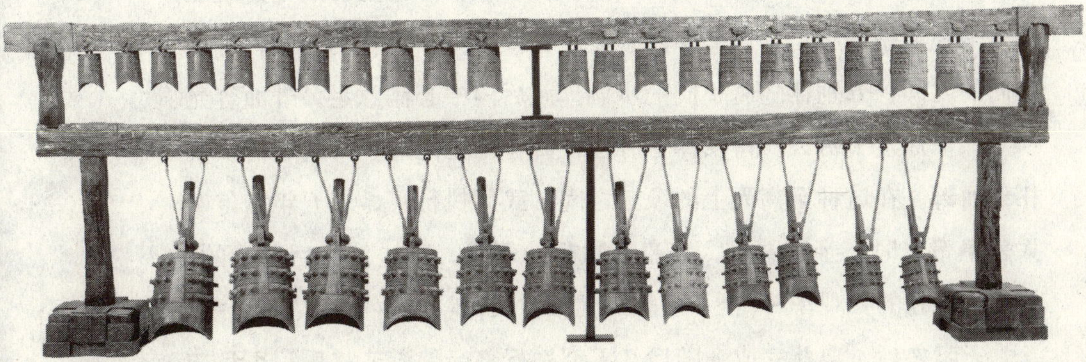

筚篥（吐蕃的小短笛）所发的声音非常尖锐。据说在战场之上，中国的战马都闻声震惊的。此外有箫、管，以及各式各样陶烧的管子和鼓。

祭典开始之时，首为一阵钟磬合奏。祭坛之下点起火来。青烟上升霄汉，迎接诸神。歌唱班齐唱祷歌，于是乐队奏乐，天子驾临。天子身穿龙袍，头戴皇冠，皇冠上垂有璎珞十二个，皇帝在歌声中缓缓走上台阶。在祭坛之前独祭，饮酒，倾倒奠酒，诵祷文，每行一礼，必有特定之歌乐相伴。皇帝下坛之时，仍演“青山舞”，轻移缓步，备极优美。舞者一百六十四人，身穿宽袖绸袍，裤腿束带，脚着黑皮靴，头上戴黑色假发。

现在皇后那漆成天蓝与金黄的凤辇到了。在典礼中间停顿之时，歌唱班停止文曲，改唱武曲。在战争之舞里，舞者身披银铠，手执长枪，排列成队，进入祭台。文舞与战舞，皆象征帝王之两面，一以获致太平，一以夸耀武功。

皇后头戴凤冠，有珍珠十二串自冠上垂在前面，身穿缎袍，上面绣有凤凰，由侍女搀扶着，走上台阶。皇后的左右两侧，侍女用双竿抬有丝绸宽帐，遮蔽着皇后。宽帐上绣得灿烂夺目。此种富丽鲜艳的刺绣，颇为当时大儒所不满，以为有悖封山大典庄严端肃之义。封山为宗教大典，并非社交集会。

在历史上，女人参与如此庄严神圣的典礼，这还是第一次。不过这个女人是武则天，当然，她应当为后来皇帝树立楷模。至于后来，她决定废去唐朝的宗庙，断绝唐室祖先的血食，那当另行别论。现在却是跪在翁姑的牌位之前，奉献祭品。在仪式中，低音的钟鼓，各以不同的时间，分别伴随着不同的步调。武后内中心满意足，外面容光焕发，徐徐走下台去，侍女捧着牌位，舞者枪光闪烁，与武后的步伐相伴而舞。在这种至高无上的顷刻之间，武后执行了她十五年前侍奉太宗皇帝之时，亲眼看见太宗皇帝执行的职务。不过使武后醉心的，是封山典礼的壮观华严，至于宗教的虔诚要义，她不懂，她也毫不措意。

三献之后，典礼完成。随后几天都举行宴会，游艺欢乐。正月初四日，皇帝皇后在宫廷接受百官与诸夷使节的朝贺。初五日，皇帝颁发诏书。高宗年号改为乾封，大赦天下，高官受爵，小吏加俸，封山之行所经各地及泰山地区百姓，豁免田赋。以酒肉与百姓，以志七日之庆。最后一天终日欢宴，由皇帝在祭台之上赐宴，有音乐演奏，有色彩浓艳的民间舞蹈，诸番夷使节有自请献舞者。在诸娱乐项目中，有一通俗的短喜剧，叫《大摇娘》，演一个妻子惧怕丑陋可怕的丈夫。她每向丈夫身边走近一步，即摇摆而舞，表示恐惧之态，每走一步一舞，观众即参加高呼："摇呀，小娘子！"观众欢呼，乐不可支。

太宗当年创的"破阵舞"，经过改进很多，由一百二十八人参加。舞者身披银铠，手持长枪阔斧，前面一军官，身披金黄色铠甲，手扶大纛。全部一百二十八人，分为八队，舞蹈之时，八队时合时散，用武器相举，表示太宗击败敌人之意。表演极其逼真，真是一片战场景象。观者动容，高宗竟落下泪来。

在四月里，高宗武后返回洛阳，沿路曾至曲阜孔庙祭礼，并至老君庙祭老君，到其他庙去布施，到各名胜游览。前后共离京都六个月。

此次封山之行，一切应当是很如意了，可是在武后眼里，并不如是。因为一路之上，高宗太喜爱魏国夫人。这时魏国夫人已经出落成一个玉立亭亭美貌多姿的女郎了。在祭典以前斋戒的时候，这件事情让武后心里固然没有一刻安静，在祭坛之前献祭的时候，武后也不能将虔诚敬畏的心思凝集专注。

第十九章
又是一桩疑案

从泰山祭祀还都之后，高宗的新宠魏国夫人突然中毒而死，症状如当年她母亲韩国夫人死时一样。这又是一个悬而不决的疑案。韩国夫人的堂兄惟良与怀运被控谋杀，我不必为他们辩护。他俩是武家族人。后人准会知道这两个青年人被控谋杀魏国夫人，被判死刑，其实二人是清白无辜的。魏国夫人是我的姑母，也许就是先父的亲妹妹，我曾经费了不少事，搜集资料，调查韩国夫人和魏国夫人母女被毒杀的真情。母女二人死时症状相同，若说是偶合，未免也太巧。她俩还有一个共同的特点，就是高宗都愿和她们在一起。

情形是这样。当年武后初得大权之后，把两个同父异母的哥哥元庆元爽借故贬谪在外，二人终于死于异乡。这样，武后的母亲杨氏算报了两个后子傲慢无礼之仇。大概就在这时候，武后的堂兄弟惟良和怀运也被谪往外县，降职为县令，一个是被贬谪到山东，这样足以表示武后对自己的族人，也是大公无私的。这次封山大典，他俩也去参加，事毕随着魏国夫人同返京都。魏国夫人倚恃皇帝的宠爱，也许对姨母武后唐突无礼过。武后心中怀恨，表面故意做出很喜爱她的样子。并且，魏国夫人和武后的堂兄弟在一起不断畅谈当年的事情。魏国夫人对母亲之死，对元庆元爽的命运，知道得太多了。武后发现了这种情形。年轻貌美的魏国夫人知道的太多，武后的两个堂兄弟也知道了。只有这个是魏国夫人遭害的原因，这两位堂兄弟绝没有谋害自己甥女的动机。

一天，惟良怀运进宫赴宴。因为武后示意，二人就由外面带去了一些珍肴美味，高宗那一餐也是要去的。大家正等着尝点儿新鲜口味，一个婢女递给魏国夫人先尝了一点儿，就突然感觉剧痛，脸变得煞白，五内犹如火烧。于是不得不离开餐厅，回到床上躺下。一席欢宴于是作罢，自然也没有别人中毒。

高宗来了，一听出了事，吓得不得了。他看见魏国夫人痛得抽搐不已。显然是精神体力一会儿不如一会儿，他也顾不得掩饰自己疼爱的关切，他掩饰不了自己的难过。不由得想起来她母亲韩国夫人死的情形，厨房里虽然监督极严，母女死的情形竟完全相似。

那天夜里，绮年玉貌的魏国夫人过去了。那么美貌的女郎，那么年轻就死了！高宗的心真是伤碎了。那么大胆妄为，那么毒狠嫉妒，那么不体谅他！魏国夫人是他唯一的安慰，唯一的欢乐。上泰山祭天祭地祭祖先，用以使自己的心灵圣洁仁爱，而武后的狠恶

簪花仕女图
绘画　周昉　唐代　辽宁省博物馆藏
周昉有“画仕女，为古今冠绝”的美誉。《簪花仕女图》描绘了春夏之交宫廷妇女赏花游园的情景，用笔朴实，气韵古雅。嫔妃华丽奢艳，在庭院中游玩，作逗犬、执扇、持花、弄蝶之状，悠闲而慵懒。

的心肝，却和虎狼的心肝一样，完全没有受一丝一毫的感动。武后已经不年轻了，正是女人生理变化的年纪。虽然这并无害于她的精力，可是寂寞凄凉染患风湿骨节酸疼的高宗皇帝，势必与这种如狼似虎的妇人同床。如此前途，确是惨淡阴森。

当时惟良怀运兄弟二人也吓坏了。武后泪流满面，一边哭一面喊："可怜的甥女呀！你妈是我的亲姐姐，她留下的这一点儿骨肉我也保不住呀……"她又大怒喊说，"这些个凶手哇……他们原是打算谋害陛下的，我知道，她赶巧先吃了。我这可怜的甥女呀！"

事情表面似乎很有道理。

可是如果仔细调查一下，自外面带来美味食品与端到桌子上中间的时间有多久，再仔细调查一下中间经手的是谁？未尝不能发现一些线索。可是这个案子乍一看来，谁是凶手似乎非常明白，并且武后就是证人。比较不易解释的倒是为什么别人不中毒，武后和武氏兄弟二人也没有中毒。可以这样说，那美味食品里只有一块含有致命的毒药，重点并不是谁把那一整包食物拿进宫去的，而是谁把那块有毒的食物送给魏国夫人。武氏兄弟二人怎么会知道一定把那块有毒的递给魏国夫人吃呢？不过，我们现在只是要确定罪责属谁而已——这种企图当然是没有什么用处的。当时武氏兄弟二人立即处了死刑。也许有人会提出一个疑问：为什么以后武氏极力保护，极力提升她的侄儿们呢？其实武后如果要毒杀她的亲儿子，她也毫不迟疑。她就厌恶别人对她不服从，不管是姓李的，或是姓武的，她厌恶的就要消灭。毫无疑问，武后就是谋害她甥女的凶手。

这三个武后不喜爱的人，这三个对武后的阴险毒辣会多嘴多舌的人，在武后的妙计之下，就这么轻而易举地处置了。

我特别来提这件案子，就是为让读者更容易了解以后发生的事情，并且因为皇族中无数人被谋杀，谋杀的方法渐渐形成定型。第一，凡是对武后有妨碍的都要害死。第二，近亲中的女人暗中在宫里对付：或用毒药害死，如韩国夫人和魏国夫人母女；或用苦刑，如王皇后和萧淑妃；用饥饿，如泽王上金之妻；或死得毫无伤痕，如王子旦的前两个妻子，案情在第二十一章及第三十八章中再表。第三，王爷与大官贵臣皆诬以叛国之罪，定罪的方法也并不甚温和，用受贿的法官审问，用酷刑榨取供词，总算依法治罪，或渐行加重，或分期放逐，如褚遂良和燕王忠；或公然处死，如诗人上官仪。再以后整肃异己的方法，都不外以上各种。依照武后心里所谓合法的意义说，她杀人无不于法有据。第四，武后颇能坚忍。有很多人的寿数在她心里早已决定，但经初步流放之后，她再一个一个收拾，为时竟历数年之久。武后在这方面有极高明的方法，能够选定时机，分治那些牺牲的人物。在她头脑的背后，一定有一个地方放着一个谋杀表，经过仔细的安排，被杀的人有固定的顺序和彼此相互的关系，一个人的处死必然牵涉到另一个人的获罪。

簪花仕女图（局部）
画中的妇人纵然是装饰得团花簇锦，也掩饰不住内心的寂寞与空虚，掩饰不住生活在令人窒息的深宫之中的寂静、郁闷的精神状态。

武后，是我所知道最冷静的一个人。由她对长孙无忌的耐性，和叫魏国夫人是她的小心肝，就足可以证明。这是她最可怕的一方面，也说明了她成功的原因。她就如同一个杰出的剑客，决不肯虚耗自己的精力。而是要闪躲，细心战斗，没有机会，决不使出毒手。她会一等数年。然后用一个运用灵活的细作网，那是一个无远弗届的细作网，到文明的人类所知的大地的边缘，大地的角落，搜索出她的牺牲品，在那个人的睡梦之中，用一把利斧把他的头劈个粉碎（见第三十三章、第三十四章的审判与整肃）。而她在家里，在京都的中心，大权独揽，安享荣华富贵，把谋杀的责任，推得一干二净。一个细作首领一经用完，就把他处死，再用另一个人。并不是犯罪的人都处死，而是“处死的人都犯罪”。这样，就把谋杀变得合理合法了。总而言之，武后是细作制度的创始人，是用神经疲劳方法逼取供词的鼻祖。关于此种情形，以后再表（见第二十九章）。先父章怀太子贤也是为阴谋所陷，被迫自杀的。因为案情与韩国夫人有关，在本书以后再详述经过。

第二十章 帝王之才

武后现在正编另一部书：《列女传》。武后志向远大。她在被迫之下做的那些区区不足道的谋杀，算不了什么，她志不在此。她真正关怀的，唯一觉得有兴味的是大唐帝国。她的生性是统治，是征服，是扫平敌人，是攫夺大权，是在向一个朝臣只要以目示意，就让一个人刀起头落——这才是她觉得兴致勃勃的事。

公平而论，武后的确是最精明强干的政客，胜过那些学识渊博的儒臣，胜过历代雄心大志的皇后。她的后半生给人的印象是一个暴虐的君王，是个淫荡的女人。我常听见武后拿她自己和汉朝的吕后相比，吕后的情人没有别的长处，只是其势雄伟，房中术见长而已。武后与那个疯和尚的偷情，也可与吕后的与人私通先后媲美。不过汉朝的吕后是个一字不识的村妇，聪明智慧与丈夫刘邦不相上下，是一个精力强盛的妇人，因为地位显贵，才弄得丑事流传。她并不具生而犯罪的天性，也不是生而有谋杀之癖。而武后则根本就有那种原始的掠夺本性，再加以残忍聪慧，这却是吕后所无。而且武后虽非学者，究竟曾读圣贤之书。她像一般政客一样，对自己一知半解的历史文化，也略有敬意。她可以随时引经据典，藻饰自己的言谈。以读书之头脑，而役于原始掠夺之本性，自然比起愚蠢村妇之阴险狡诈，更为危险。

武后的期望堂皇而远大。此外，只有与雄健的男人或俊美的少年调情放荡才是她的消遣，她借此寻求轻松愉快。她要行远大之举，成非常之功，为空前之事，但是都达到疯狂的程度，此种情形容后再表。总之，她醉心于权力，醉心于统治，以杀人为快，以施恩为荣。关于她后半生的统治，究竟为功为过，人们将争辩不已，人意见之所以不同，大半系于观点之歧异。当时贪污横行，司法败坏，官制摧毁无余，当时学者王公之子竟不入太学读书，向官方检举邻人和朋友，便是升官发财的捷径。

武后的政治把戏，争夺权力的把戏，的确玩得很高妙。万事万物似乎都协力相助，使她一帆风顺，得以威夺人主。高宗软弱多病，已如尸居余气，真是武后的福气。高宗一向就不是康强雄壮的人，如今是百病丛生，常常头痛头晕，心神不宁。不愿意见人，几乎全无自信，有时闹一阵子脾气，有时又固执刚愎。虽然有心尽力于朝政，总觉得一个安静的时候倒还舒服。在他的中年，他就觉得寂寞凄凉。他的身体本就虚弱，可是以武则天为妻，而没有中途离异，别的男人还做不到。现在高宗性情恬淡，与人无害，精神在被人辖制之下，在天天吹毛求疵的妻子折磨之下，个性已经渐渐消失。他变得虽然和蔼仁厚，不过是愚痴的仁厚罢了。

在咸亨四年，高宗病势越发不好，武后与高宗常常接连数月，住在东都洛阳。在这期间，太子弘奉旨摄理朝政。遇有重要政务，才向洛阳请示“二圣”，其实只是向武后请示，高宗皇帝是卧病在床的。

在国外呢？正与邻国交战，战事很顺利，就是因为太宗皇帝留下了纪律严明的大军，能征善战的武将。边塞伸延至高丽、内蒙古、突厥以西。离大唐辽远的国家，平定只是暂时的，反叛时起，这也是意料中的情形。东突厥联盟已告瓦解，西突厥已起而代之。在乾封二年，英国公李在高丽大获全胜，约有三万高丽人又重迁入中国内地。在咸亨四年腊月，突厥王到长安进贡请和。次年腊月，波斯王为回教徒所迫，来长安避难。

大唐的长安有各国男女不同的服装，各种不同的鲜丽的颜色——有天竺的僧人，有日本的留学生，有波斯拜火教的教徒，摩尼教的教徒，景教基督徒，叙利亚犹太人。太宗皇帝对各国的商人教徒一向宽大，所以很多外国商人教徒都来到长安居住，各教徒得自建教堂，自由崇拜。在这些年里，高僧唐玄奘，在阿富汗和印度居留了十七年之后，已经回到长安，带回了六百五十七部佛经，现正在高宗特别赐建的长安近

西市

绘画　现代

西市是唐代长安城两个商业贸易中心之一，在皇城西南面，占两坊面积。胡商行客多在此营生，中外艺人常在此表演歌舞、滑稽剧和其他娱乐节目。盛唐开放自由、兼容并蓄，外来文化从各个方面影响着人们的物质生活和精神生活。

郊的玉华宫里，从事伟大的翻译工作。

而武后呢？她正在铺张夸耀她的权威。咸亨四年过了，她又把高宗的年号改为上元。对普通的称呼“皇后”，觉得太平淡，决定令臣下以“天后”称呼她，自然就叫高宗为“天皇”，在中国历史上只有高宗号称“天皇”，表面上是为唐高祖与唐太宗增加新头衔，自己与高宗自然也随之改变了称呼。这个新头衔就表示武后和高宗都成了半神。臣下自然都在奏折公文里用了这个新头衔。

简洁说吧，在武后初为皇后的十年，高宗是日日临朝，武后临朝只是偶然。在中间十年，从上官仪之死，就是从麟德元年到咸亨四年，高宗与武后是照例同时临朝，号称“二圣”。在后十年，从上元元年，武后是日日临朝，高宗临朝成为偶然，这是“天后”时期。

武后改高宗帝号为上元，曾大肆铺张夸耀了一番。她打算开始一个光辉灿烂的时代。她敕令百官新制朝服，令百官齐着新朝服，特别举行集会。为了表示皇恩浩荡，下诏恢复无忌的官爵，尸体自南方运回，紧邻太宗的陵寝埋葬。

新时代以冠冕堂皇的新政开始。武后的帝王之才，以及高妙的政治手腕，在以“臣妾”的名义上高宗皇帝的一个奏折里，充分地显露出来。她曾使这封奏折公布于天下。里面有十二项伟大浮夸的政治改革计划，无不合于仁政之旨，并可收笼络民心之效。和政府一切的官样文章一样，十二项都非常动听：（一）促进农桑，减轻徭役；（二）豁免西北各省田赋；（三）发扬道德以致太平；（四）杜绝浪费；（五）减轻兵役；（六）言者无罪；（七）罢黜奸佞之臣。以上七项当然都是官样文章，而（三）、（四）、（六）、（七）四项望之于武则天，更不啻与虎谋皮。下面更特别，更是独出心裁的五项：（八）自王公大臣以下，必须攻研老子道德五千言（老子姓李名耳，与唐室同姓）；（九）父亲虽在，为人子者为母居丧仍应三年（如此以示男女平等）；（十）退隐官员，仍保留其品衔爵禄；（十一）京师官员自八品以上当厚给其俸禄；（十二）为官年久，其仍居下位者，应予考查，着即依功绩升迁。武后奏折公布后，文武百府，人人怀德，个个感戴。至于此种改革难以实行，自然另有原因，并非倡言改革所陈未详之过。许而不与，言行不一，迂阔之人才感到不安。由武后的十二项政治改革上，可以看出她的政治天才。她演的这场政治把戏，真是处处逼真，十分煞有介事。

武后觉得在文化方面还无所表现，于是决定或用自己名字撰修，或径用自己名字著作，内容则多少与"提倡道德以致太平"相关（上述第三项）。所以除去《列女传》之外，又写作数种。下列各书都是以她的名义著作的：《内轨要略》十卷，大概是以前文字的修正本，计十卷；《百僚新诫》五卷；《臣范》两卷；另编纂《乐书要录》十卷。她之念念不能忘怀者似乎是恢复并进而发扬世人的道德良心，并提高国人的精神理想。

可是，人们相互间的关系，尤其是家庭间的关系，是更为复杂，比"促进农桑"，比"发扬道德以致太平"，比写教训文章使人居仁由义等诏书更复杂。在改元上元四个月以后，蒋王恽被诬阴谋不轨，赐死。因武后不喜蒋王恽，就使亲信小人弹劾他。固然蒋王恽（高宗之弟）为人浮华铺张，若说是阴谋不轨，确是诬陷。高宗发觉蒋王恽遭受诬陷，另派人再审时，已经太晚了。高宗不久又遭遇到家庭骨肉的悲剧。过去家中没有毒毙的事几乎已经十年了。真是谈何容易！

第二十一章
皇帝的孩子并非个个有福

高宗皇帝始终有些纠缠不清的烦恼。在上元二年，皇室又遭遇到危机，高宗的痛苦更不堪言。从现在起，政治上的把戏就是皇子继承大位的问题了。高宗皇帝共有八子，但都是武后脚上踢来踢去的玩具。因为高宗皇帝显然是活不长了，选择一个年岁轻性情柔顺的皇子继承大统，对武后的独揽大权，极其重要。不幸的是，皇子弘及先父贤都不是性格柔顺，都已成年，都各有见解。先是武后自感业寺回宫以前，高宗已有四子：燕王忠，原悼王孝，泽王上金，许王素节。燕王忠已受迫害而死。原悼王孝二十岁时因病逝世。武后把另外两个皇子打发在外，恶意排斥，严禁再入皇宫，即使在封泰山时也不让他俩参加。许王素节乃萧淑妃所生，年最幼，人亦最好。乾封初年，高宗诏素节入朝，武后诬称素节有病在身，不能入朝，其实素节并非生病。大约即在此时，武后削去素节的王爵，停了他的年俸，贬谪在江西一个小县，离京都约七百里，禁锢终身。素节遭受贬谪和惩处的原因是这样：素节已经十年没有见父亲，渴望回朝一行。封山大典未得参与之后，著《忠孝论》一文，文字悲伤戚恻，打算借此感动父皇的心。当时大臣张柬之，为人良善，把《忠孝论》暗中转呈高宗。事被武后发觉，以为素节“怨言诽谤”，使人弹劾素节，诬控他受人贿赂，于是予以降级贬谪。上金素节两皇子遭受迫害的大悲剧，尚须待数年之后。武后的复仇进行缓慢，但是万无一失。

武后的亲子命运应当好些，却也不然。武后的四子是太子弘，先父贤，三子显，后继武后为中宗，四子旦，继位中宗为睿宗。

太子弘为人类似学者，富有理想，不切实际，像武后一样，感情敏锐。老臣们常谈论太子弘童年时的一件逸事。当时他读《春秋左氏传》，读到楚世子商臣弑其君，他大为吃惊，要求改读他书。率更令郭瑜详细讲解说，孔子作《春秋》，善恶必书，为的是褒扬善行，劝人效法，贬斥恶行，予人警戒。太子弘仍然固执，他说：“纵然如此，这种事我总是不乐意听，换一本书读吧。”

自从弘幼年起，就受特别的培养教育，以备将来立为太子，请国内名儒硕彦为师，教育之中包括坐朝临政，以娴习朝廷上的例行公务。他现在已经二十三岁，被付与的职责也越来越多。在咸亨一年至二年，高宗卧病在洛阳，令他留在长安，在遴选的大臣辅佐之下，监理国政。当时弘已经娶妇。岳父裴居道为一代大儒，自不必说，弘自己左右也有不少名儒。太子弘和他年轻的妻子的前途，从各方面看，都是光辉灿烂。他酷爱文学历史，在博学的朋友协助之下，他从文学与经典里撷英采华，编成一部书，名叫《瑶山玉彩》，内凡文五百篇，书奏与高宗，高宗赐锦三万段。高宗极其宠爱他，一次向侍臣说：“弘真是彬彬君子，仁孝有德，宾礼大臣，未尝有过。”

太子弘研求治国之道的时候，祖父太宗的令德如仁厚爱民等特性，早就在他身上显露出来。当时士卒生活很苦，他心里非常难过。他为太子之时最大的善政，就是奏请高宗废除将逃兵的妻子没官为奴的条例。当然，这条严酷的法条应用，也可以说明太宗军纪严明的一个原因。无论如何，在他上高宗皇帝的一个奏折里，他是知道很多士兵并非逃兵，但是却遭受妻子没官为奴的待遇。因为有些不得已的原因，使一些士兵无法在战场上立功。比如说，有些士兵想努力游过一条河，但是终于被水淹死；有的因为患有疾病，未能及时担负勤务。总之，一场战役之后，什么事情都会发生，并且有的是被敌人俘虏去的。依军法士卒死于战场的受抚恤，失踪的士兵家属则受惩罚。于是很多情形不明的士卒家属，也与逃亡的士卒的家属同样没官为奴。太子弘引证《左传》说，“与杀不辜，宁失不经”。意思是说宁可放宽法律，不可杀无罪的人。他请求将有关失踪士兵的条文详予解释，把不同的条文要区别清楚。因此，由于太子弘的仁爱，很多士兵的妻子得以免除耻辱、劳苦和奴役，甚至进一步把奴役予以期限的规定，并可以赎回。

在咸亨三年到四年的冬天，于前年夏季大旱之后，接着冬季大饥，西北各省最苦，人民不断死于饥馑。太子弘看见兵卒的粮食里有榆皮和草籽，他立刻吩咐人把自己仓库里的米分发给兵卒。他又奏请皇上把同州沙苑的闲地给贫民耕种。

他这种性格与母后武氏的性格相冲突，乃是必然的事。维持纲纪，施行仁政，他知道；卑劣下贱，细小谄媚，以及刻薄寡恩，他却嫉恨若仇。后来他到洛阳时，发现萧淑妃的二女义阳公主与宣城公主，因为母亲的缘故，一向幽禁在后官，无人照顾，早已被人遗忘。年纪已经将近四十，没人为主婚嫁，真是皇家丑闻。

他去向母后武氏说情。他说：“依照圣人的教训，女大当嫁。为什么两位姐姐不出嫁呢？把她俩嫁出去也没什么妨害呀。请母后费心把姐姐嫁出去吧。”

武后没法拒绝这种正当的请求。但是她心里本来就嫌对这两个后女儿过于宽大呢！萧妃的族人在奉命改萧姓为“枭”之后，已然流放在外，可是却容她的两个孩子住在宫里。这次自己的过错被儿子指出来，自然衔恨在心。她回答说是忘记了，就要把她俩嫁出去。可是她竟把两个公主嫁给了殿上的卫士。这当然不妥当，因为两位公主毕竟是皇帝的亲女儿。可是武后觉得自己是条龙，别人竟敢倒着抚摸了她的鳞。她不愿自己的行为受儿子批评。

可是，一个月以后，那是咸亨三年四月，皇宫里发生情形更严重的谋杀案，一个无依无靠的妇人被谋杀了。太子弘大怒，他的妻子裴氏也很难过。裴氏生于书香门第，可谓贤德之妇，雅静端庄，规矩有礼。不过，做武后的儿媳妇绝非易事。武后不喜爱她，她也知道。武后还另有一个儿媳妇，是周王显之妃赵氏，更为武后所痛恨。这个儿媳的母亲就是太宗之女长乐公主。长乐公主出嫁后，新近常到宫里去，不幸常和高宗在一起，并且似乎与高宗相处很好。武后决不肯冒险。她把长乐公主和她的丈夫派遣到外省去为官，禁止再入宫廷。长乐公主个人的事情当然与女儿无关，可是赵妃却被监禁到一所房子里。饮食据说是要送进去的；究竟送了没有，没有人知道。过了几天，打开门一看，她已经饿死。

太子弘怒不可遏。他容不了这种阴谋诡诈，这种施于无辜者的残忍。为什么他们要破门而入呢？可以说因为门锁了。为什么他们会想到赵妃死在里面了呢？因为他们看不见房上烟囱里冒出烟来，并且他们要往房里送生肉和蔬菜。为什么不把做好的饭菜送进去呢？为什么要教一个王妃自己炊爨，像对待犯人一样呢？

她没有可控告的罪名。因为母亲而虐待并谋杀女儿，并无必要。太子弘当然知道赵妃饿死是武后的命令。在幽禁的日子，周王显根本连走近他的妻子看一看都不敢。太子弘与先父章怀太子贤性格不同，最幼的两兄弟显和旦和先父也不同。显和旦性情柔顺，因此颇得武后欢心。

即使周王显不反抗，太子弘也不服。太子弘找了个机会向武后去说。武后很了解她这个儿子。太子弘一走进去，武后一脸怒气。在皇家的家庭里，仪礼一点也不可松懈的。太子弘觉得自己说起话来，要像个太子的气度，年虽轻而尊严端肃，有定见，不动摇。他心里以为嫂嫂是个贤孝的媳妇，从未有失妇道。可是武后蹙眉含怒。嫂嫂已经死了，还提她干什么？

“儿臣记得母后写过一部《列女传》。现在一个贤德的儿媳在您的家里饿死，会惹人说话的。”

这话说得真像投了一个炸弹。武后的恼怒令人看来恐怖。太子弘是什么意思呢？言外之意是什么呢？也许在周妃的母亲被派出京之后，她暴躁发脾气，郁闷恼怒了几天。这不是不敬吗？这不是不贤不孝的儿媳妇吗？她若傲慢无礼，武后处罚她算错吗？那个苦命儿媳若自己执意要饿死，为什么要责备武后呢？后来武后说：“不要忘记你的礼貌。不要大胆越礼来教训我！”

太子弘回驳说：“儿臣并非越礼。我还想到，母后一定愿意让百姓坦白地陈述意见。我记得让百姓自由陈述意见是母后政治改革的一项目标，这样，一切错的事情才可以改正，不公不义的才可以补救。我只是想有补益于朝政而已。有时候我的话说了也有点益处。前些日子我若不大胆向母后说起义阳宣城两位公主，她俩不就一直老在家里吗？可是，母后把她俩嫁给世代书香之家不好吗？干什么嫁给仆役们呢？她们究竟是皇上的亲女儿呀。”

武后说：“你退下去吧！”声音冷酷得可怖，脸绷得狰狞凶险，两眼眯成了一道线。

不多不少，正好在十八天以后太子弘在陪同父母驾临合璧宫的时候中毒而死。又是“吃错了什么东西”。武后不喜爱的人都会吃错东西的。谁都知道“虎毒不吃子”，若说武后把自己的亲生子毒死，不是荒谬绝伦吗？可是从另一方面说，若拿测量普通人的尺度来测量武后，可也是荒唐无稽。在那时候，皇子们就是武后的资本，供她赌博的政治资本。她有那么多的皇子，损失一两个也没有什么关系。总而言之，最好的解释就是武后是一个天下难寻古今无二的怪人。最后的记载是这样：武后共有八个儿子，一个早死，她自己害死了五个，另外两个幽禁了十二年，她亲手掐死的那个幼小女儿还不在内。

太子弘之死引起了另一桩重要大事。当天晚上，高宗和武后回到皇宫。高宗原是最喜爱太子弘。他对武后已经忍耐够了。在他的家庭里他已经看见了六七件谋杀案——王皇后、萧淑妃，还有姐姐、甥女、儿媳妇、长子燕王忠，现在又害死了这一个！他没法看见儿子许王素节和泽王上金——二人现在流谪远方，终生禁锢。一个月以前，高宗皇帝刚刚与长乐公主处得很投机，武后就把她派遣出京，永远不许再入皇宫，高宗已经够生气的了。现在他烦恼得厉害，也不再想废却武后。他若是个男子汉，为什么不废却武后呢？并且他还依旧“是”皇帝呀。可是他想，若再把武后处死，不又多了一条人命吗？

第二天早晨，他向群臣宣称要退位，用以表示反抗，让大唐帝国亡了吧！他又病又疲乏。他向群臣宣布，真使群臣一惊，他说他要退位，要把帝位让给武后，横竖她一向就统治着大唐的天下呢。武后是“发扬道德以致太平”的；高宗只要太平，道德能发扬与否倒不要紧。大臣郝处俊等坚持异议，期期以为不可。因为太子弘之死，高宗陛下受刺激太大了。

高宗又仔细思量了一番，第二天改变了主意。在痛失爱子之下，他想起了空前的办法。他封已故的太子弘为孝敬皇帝，以帝王之礼埋葬，只是国丧缩短为三十七天，灵位前祭礼也依祭帝王之礼，这种祭礼保持了好几年。他下诏修建皇陵，名叫恭陵，完全用天子制度。工程浩大，工人厌苦，竟有些工人反抗，投石打伤管理人员，然后逃去无踪。

太子弘的妻子裴妃卧病在床。她不想活下去了。一年之后，忧愤而死。就在手著《烈女传》与《妇女阃范》的这位女作家的手下，两个儿媳短命死了。还有两个，要在两年之后。再以后，还有一个皇孙，一个孙女被鞭打而死。历史上没有一个皇后，世界上也没有一个母亲，把自己一家骨肉害得这么多。谋杀成了习惯，凶手对谋杀就失去了恐怖，而武后之害人性命，一定有一种独揽生杀大权的快乐。我们现在所说的是一个超群出众的非常凶手，在她心里，屠杀就是伟大，就是权威。从历史上可以看出来，暴虐之主共有一个特点，就是自我陶醉，进一步而成为自我崇拜。

第二十二章
还是接班人问题

随后就是章怀太子贤，现在身为太子，地位真是令人羡慕。武后虽然不特别喜爱他，按理，他将来继承大统是没有问题的。他精力太强，没有做个唯唯诺诺规规矩矩的孩子。现在正是二十三岁，年轻，英俊，对事情有自己的看法。究竟谁是他的亲母亲，他心里也许已经有这种怀疑。这种伤心断肠的怀疑，几乎在他对武后的态度上显露了出来。他很清楚，韩国夫人，十之八九就是他的生身之母，是被武后谋害的。遇有不可避免的事情，武后绝不躲避。过去的一切，她认为自己做的都不错，现在也只有严密观察，宁静以待了。高宗皇帝似乎寿命已经没有多么长。那时看来，章怀太子也许会犯大过，会遭废却，武后改立新太子。武后已经确立了一个伟大的计划，在高宗驾崩之后，她要以儿子统治为名，自己以皇太后的身份执政。放弃权力，退而闲居度日，不是她所能容忍的。在她心里，她一定是要立个幼子，她可以甘言诱骗，娇养溺爱，可以支配，可以管辖，就像对高宗一样。这事令人想起一样昆虫来，雌虫认为她们是命定该吃雄虫的。

章怀太子为人爽快活泼，既喜爱苍鹰骏马，也喜爱琴棋书画。自幼聪明过人，七岁能读《书经》，能诵《诗经》百言，又会与诸儒共注范晔的《后汉书》，这是非学问渊博精力过人的人不能做的。此书将永远流传于后世。他比起太子弘来，为人更实际，个性方面也更多。

因为鉴于太子的早死，他颇愿离武后远些，尤其要与武后的宴席离远些，免得“吃错了东西”，所以他住在长安。武后看出了这种意思，心里暗恨。这个将来的一国之主离母后越来越远了。当时高宗同家人都住在东都洛阳新宫的太子宫。章怀太子实际上是自得其乐。东宫内东苑有一个球场，有很多机会可以打猎，蹴球。他和太宗皇帝一样，也喜爱天山的骏马。

章怀太子为人温和愉快，衣冠整齐，与臣下殷勤有礼，左右儒臣不少。一立为太子，他就与儒臣文人开始前述的《后汉书注》。在高宗调露元年，高宗皇帝的病又犯了一次。他曾奉旨共摄朝政。平时如能避免，他决不去见父母。母子的关系变得非常勉强。兄长遭遇的命运，他极力避免。

因为高宗行将不久于人世，而他正年轻有为，自己知道对声色犬马当有节制，以便留心政务。因为天资聪颖，并不觉得朝政繁杂。高宗特予褒奖，文曰：

“太子监国，贤于处决，明审利害，治事勤敏沉毅，宽仁有王者风。公余之暇，深究经史之奥秘，阐发圣哲之遗芬，尤能褒贬得宜，折中至当。瞻望来兹，国家得贤明之主，百姓乐太平之治。欣慰曷似，爰赐锦缎五百段。”

武后一看此种情形，非常可怕，在等待四五年之后，眼见章怀太子的发展太成功，太圆满。名望已经牢固不拔，深入人心。章怀

打马球的唐朝妇女
陶俑　唐代　法国巴黎吉梅博物馆藏
在唐代，无论男人和女人，最喜欢的消遣之一就是从波斯传过来的马球。打马球时，骏马飞驰，马尾扎结起来，打球者头戴幞巾，足登长靴，手持球杖逐球相击。

太子当时已经二十七岁，并不是软弱无能之辈，不是愚痴可欺之人，若用章怀之名，武后行统治之实，势必无望。武后的伟大计划大受威胁。一旦高宗驾崩，武后前途怎么样呢？

大约正在这个时候，太子贤不是武后所生的旧谣言又传播起来。武后已经给章怀太子写了几封信，信里责备他有亏人子之道，措辞很严厉。章怀太子非常不安，不知闹出了什么事，也弄不清楚要有什么事情发生。这时也许章怀太子将一些武器藏在马厩里了，以防万一，好用以自卫。

武后此时颇信正谏大夫明崇俨。崇俨是一个道士，精通左道旁门，能卜吉凶，断休咎，武后常常接见他。当时医生与道士都可以自由出入武后的寝宫。崇俨已经和武后很亲密，自然知道武后爱听什么话。他向武后说，太子贤的面貌骨骼显露，眉目分明：是福薄寿短之相（照一般的相法看，他说的并不错），鼻子太尖，聪明智慧，不肯服人；而王子哲（原名显，今更名哲，改封英王）呢，倒很像太宗皇帝。王子旦的相貌最好。

在那种时候说那种话，听来也启人疑窦，结果使武后与太子之间之关系更行疏远。章怀太子最恨迷信，最轻视迷信的女人。武后并不隐瞒星相家明崇俨的预言，而章怀也不掩饰他对星相家的鄙视。

区区一个星相家竟成了太子败亡的原因，却也奇怪。在高宗调露元年的冬天，明崇俨在侍返长安洛阳的途中，为人所害。凶手始终没能擒获，也没有先父串谋的证据。如果说先父曾与此事有关，我也不敢说断无其事。总之，宫廷之中，最好是灭绝这种江湖术士毒恶有害的影响。

这个江湖术士对武后本人究竟有什么重要，无法弄个明白。不管他与武后的关系怎么样吧，他被害的消息一传到武后耳朵里，武后大怒。她立刻怀疑是太子主使谋害的。于是武后又玩弄起法文条例来。先父应诏赴洛阳，他不在的时候，有人到他的府第来检查。马厩里搜出三百件武器。前面说过，也许先父在马厩里藏有武器，是为了自卫，以防意外。也可以说，先父不在时，检查府第的时候，武器是由人从离皇宫不远处一个武器库里拿出来，在先父府里栽的赃，于是先父被控阴谋造反。可是三百根枪，三百身甲，三百个盾，能造什么反呢？他与高宗皇帝离几百里地远，他谋反要谋害谁呢？要反什么人呢？再想他身为太子，登基为天子已经为期不远，这时竟要造反？想来的确荒唐。那种控告真是可笑！

不管怎么说，真凭实据是在先父府第里找到了，就和以前在王皇后的床下找出刻有高宗名字的小木头人一样。太子是有口难辩。武后暗使先父左右一个周某出面做证，诬称道士明崇俨是先父使人谋杀的。搜出的兵器运往洛阳，在皇宫前面的天津桥上烧毁了。几个大臣奉命审问，照着武后的意思定了罪。太子身犯叛国之罪，依法当诛。武后宣称，事已至此，不得不大义灭亲，国家纲纪，不可轻忽。

高宗一想到已死的儿子忠和弘，不由得战栗起来。他主张从宽办理。其实有很多从宽办理的理由。在先父监国之时，贤能之声，无人不知；而且谋反之意并不明显，再者，身为太子，何须谋反？虽在府第中查出兵器，也不是他蓄意谋反的确证；至于谋杀一个道士，更是微不足道，谁又屑于去对付一个江湖术士？总之，皇帝有特赦之权，总可以制御群臣。为一个江湖术士而竟使太子受刑，历史上的确少见。若不是武后预谋废却贤能的太子，绝不会使人搜查太子的府第，也绝不会控告太子。

结果是个暂时折中的办法。太子贤被废为庶人，监禁起来，改立英王哲为太子。武后称了心愿。我家遭此横祸之时，我才八岁。先父未被立为太子时，官为凉州大都督。我们全家一向过得豪奢富足。事情一发生，我当时恐怖得厉害。那种恐怖，只有孩子才知道。次年，先父谪往成都，我们三个孩子，因为年幼，留在宫里。父亲在成都，没法接到一封家书，独自挨着愁苦的日子，一天比一天衰弱憔悴。到了适当的时候，武后才将他害死，不是现在，因为高宗皇帝还活着。从那时起，我们孩子们就始终没得再见先父一面，直到武后死后，先父的遗骸才运回来，陪葬在乾陵。

有人说，母猫有时吃自己的小猫，这个我不知道，我没有见过。大概以腐肉为食的鸟和狼吃自己的小鸟小狼吧，不过我也不太清楚。

第二十三章
高宗驾崩

各种事件现在正迅速演变，就将达到大唐皇室的生死关头。现在戏台上的巨幕即将升起，即将演出的一出戏会令人头昏目眩，莫名其妙。

高宗皇帝的病越来越重，桌子上乱摆看些丸散膏丹和熬好的汤药。皇帝陛下正患神经痛，疼痛难忍，一阵阵的昏晕，浑身麻木、气喘，上气不接下气，在开耀元年就不能视朝。武后虽然放荡妄为，但还不会谋杀高宗。她能消灭谁，她不能消灭谁。她自已清楚。谋害一个公主，谋害一个皇子，与她不会有什么不利，因为那多少是宫廷的私事，她为家中长辈，总可以遮掩起来。皇帝若中毒而死，岂不是罪恶滔天，她的亲信也难免会张嘴说话的，恐怕立刻闹起叛变来。她不会像中宗皇后韦后那样做，她不会那么愚蠢，韦后是自寻绝路。她虽然那么热衷于独坐大唐天下，她仍然决定宁静以待。只要高宗染病在床，不能处理朝政，她也就满意了。时间总是于她有利的。

苍天仿佛预示唐朝大祸将临一样，种种的天灾人祸都接踵而至。开耀元年，彗星出现。不错，大将军裴行俭虽然率兵战胜了西突厥联军，不过军队若不能撤回来，战争虽胜，耗费仍然巨大。在仪凤二年至永隆元年，大将李敬玄两次大败于吐蕃之手。汉人惨遭屠杀，士卒死于道旁。自开耀元年至永淳元年，发生大饥。永淳元年，久雨之后，洪水暴发，洛阳遭水塌淹。洛水的洪波巨浪，把皇宫前的三座大桥吞卷而去，房屋坍塌倒坏，数万百姓惨遭淹毙。在六月，北方麦子遇雨被毁，随后苦旱，麦田龟裂。西北各地蝗虫猖獗，把地面残留的庄稼，一扫而光。随后痢疫横行，京都里缺乏粮食，死尸堆积，人们饥饿无食，竟至人吃人。结果，法律秩序，荡然无存，乡间饿殍遍野，盗贼充斥。好像唯恐灾难不够齐全，十月又发生地震，洪水侵害山东。真是苍天赫然震怒了。

武后择定此时，在河南嵩山兴建大庙，打算使嵩山多少可以代替了东岳泰山，大庙赐名“奉天宫”，以示奉敬上苍之意。不论天灾痢疫怎么闹，武后是要高

雨中耕作图

壁画　唐代　敦煌莫高窟

敦煌石窟描绘农耕生活场景的壁画，壁画中天空乌云密布，大雨倾下，农夫仍辛勤耕作着。农业是封建社会的根本，天灾造成饥荒，会进而演变成社会动荡。在有“天人感应”传统的中国，种种的天灾人祸接踵而至，被看成是天子违背了天意，不仁不义，预示大祸将临。

高在上统治一切的。她的信心不变动，不动摇。在朝廷应当倾全力赈济灾民的时候，武后却相信由饥民修建的寺院，会讨上苍的喜悦，会给武后的统治增加光辉。

也许有人不迷信，可是武后一打算去朝嵩山，必有灾难发生。武后总是想在外省游历一番，顺便朝一下东岳泰山以外的另四座灵山：南岳衡山、西岳华山、北岳恒山、中岳嵩山，照晋武帝当年统一三国之后一样。至少，嵩山总算不远。她乐意人们传说，孔子当年赴泰山，使泰山成为了传统的昊天上帝所居之所。武则天朝嵩山，也使嵩山成为了昊天上帝居住之地。可是，每有“封山”之计划拟定，必有灾祸随之发生，如战争失利，或突厥或契丹入寇，封山之行，于是中止。两次拟议封山是仪凤元年及调露元年。

奉天宫在隆重的仪式下开工，是永淳元年七月，饥馑痢疫最凶的时候，一年以后才竣工。武后敕建奉天宫，固然是要把自己的寺院传流于永久，使人纪念仰慕，也是盼望自己成个半神之体，是自我崇拜与妄自尊大狂的初步征候。她在尘世上的愿望既经满足，以一妇人而统治文化灿烂的世界，进而便盼望与神圣携手，以自己的庄严威仪求宠于上苍。

在弘道元年正月，首次赴嵩山奉天宫。寺院已然竣工，庭院及其他次要建筑一时尚未完毕。大臣中有人奏请竣工之时，在嵩山举行封山典礼。这是第四次拟行封山大典，竟而引起非常的惨变。

在十一月，高宗与武后赴嵩山，登山莅临奉天宫，一观殿宇宏丽之状。当时高宗忽然头痛如割，进而两目失明。御医张文仲、秦鸣鹤奏请用针砭，刺头出血可愈。武后大惊，怒道：

“两御医应当处死！如何妄用金针刺伤天子龙体！”

高宗痛苦呻吟着说：“让他俩试试吧，痛死我了！”

于是用金针一扎，高宗疼痛立止。

高宗喊道：“我又看见东西了。”

武后也喊说：“谢天谢地！”于是以锦缎厚赏张秦二人。

可是神经痛又犯了，高宗还想用针砭。武后不答应。她说：“一次就够了！”

当时疼不可忍，高宗连忙回程，十一月二十四日抵达东都洛阳。朝臣在天津桥分班仁立，恭迎二圣还朝。

定于十二月四日颁发大赦旨意，为高宗皇帝求寿。高宗定于那天在则天门楼上颁发圣旨。上马之时，忽觉气短，不能上。门外百姓正奉命齐集，等待颁发大赦旨意呢。

高宗问：“百姓快乐不快乐？”

“他们都很快乐，感谢皇恩浩荡。”

“我恐怕病得很重。如蒙上天嘉佑，再活一两个月，得以回到长安，于愿足矣。”

当天夜里，皇帝病势危殆，中书令裴炎奉召入宫，受皇帝遗命。太子哲即位为中宗，奉遗诏决军国大务，一反武后旨意。高宗皇帝饱经痛苦，如今得以安眠于地下了。

依常例，太子哲应当正式诏告天下，新君即位，以安民心。但是三天、四天、五天过去了，武后似乎不能遵奉高宗的遗诏。到了第七天，武后在裴炎坚持之下，使太子哲布告天下，为新君中宗，继承皇位。

武后如今成为皇太后，临朝称制。高宗驾崩时五十五岁。武后现在六十岁，可生活如今才开始呢。

第二十四章

中国的第一个女皇帝就这样登基

以往导致高宗驾崩的诸多事件，可以表示一点，就是：武后如今是如愿以偿了。她如今是真正的大权独揽了。以皇太后临朝称制，幼子太子哲新近登基为帝，当然事事唯命是从。她活过了丈夫，长子弘早已死去，另外几个儿子上金、素节、先父贤，都远谪在外。种种事情都照她的计划一一实现了。把贤能的太子一一废却，本意就是得以利用庸懦恭顺之子称帝为名，受她任意摆弄，和以前摆弄高宗一样。她将再继续独揽大权。一般而论，任何妇女据有此等地位，也心满意足了。

以往种种事件都足以显示武后的热衷权力，轻妄浮动，残忍自私，又辅以政治手段高明，是以在二十年之内，执国政。贬谪贤良，毒杀异己，终使朝廷之臣尽成奸佞谄媚之辈。奸计既招招得逞，信心也逐日增强，贪权夺势之欲望，也越发不可控制。但若认为她现在对她的地位已经心满意足，实属大错。

在高宗驾崩的那几天，武后对太子哲继承皇位，曾经显示踌躇不定，中书令裴炎竟一时不明究竟。武后当时心中盘算，究竟是让太子哲登基继承王位呢，还是采取激烈办法，或假造圣旨，或采用政变行动，立刻自己称帝即位呢？实际说来，她早已不愿再演配角坐第二把交椅，或做帝王之后，或做帝王之母。不自己手执王节，终不称心惬意。六天六夜里，她自己心中争辩不决。她当然可以毒杀太子哲，但是下一步仍要毒杀太子旦。这样做究竟是否得策，颇为犹豫。

她的聪明头脑终于决定不采取阴谋毒害办法，决定采取“合法”手段。她采取的手段“合法”，不怕人反对。她可以想主意使幼君退隐在背后，自己利用幼君之名，行统治之实。有人反对时，就犯叛国之罪，因为她临朝称制，代皇帝行使职权，于法有据。如此决定之后，她才在第七天，依照裴炎的主张，让太子哲登基，继高宗为中宗皇帝。

武后的腹稿既然拟定，朝廷上要有剧变也不足为奇了。有人已然料到，但是发生之早及手段之猛烈，则人人怵目惊心。武后在天下稀有的富贵荣华的梦想之下，在即将身为帝王开朝创业的梦想之中，她开始了别的妇女从未想得到的行动。

这场狂风暴雨来得太早，出乎每个人的意料。武后太急切，太不耐烦了。高宗驾崩后还不足两个月，她就废了中宗，贬谪出京。这是她第四次废却她的儿子。在光宅元年二月五日，她把中宗逮捕，以空洞薄弱不成理由的借口，真个把中宗从皇帝宝座上拉了下来。别的叛徒曾经逼迫皇帝退过位，而现在武后却需要劫夺自己儿子的皇位。可是武后并无顾忌，毫不在乎。

太子哲已经年纪不轻，已经二十八岁。被废的借口是中书令裴炎引起的。中宗要使岳父官居侍中。裴炎反对。君臣争论起来。

中宗说："我乃当今天子，你不要忘记。我若把天下让给他坐，也没有什么不可以。"

这句话本是一时愤怒脱口而出的，这就是武后废中宗的理由。年轻的皇帝还不知道自己身处险境，如同草原上吃草的小鹿，信步走近了藏有母狮子的丛莽。武后这个母狮子闪电一般，一跳而起，扑在自己亲生儿子身上，凶恶得令人魂惊魄丧。

武后已经和裴炎商议妥当，告诉了她的做法。裴炎并非齐国公长孙无忌，也许是已然认清武后的性格，知道反对武后，并无用处，自然遵命而行。武后又与禁卫军的将军规定妥当。在二月五日早晨，侍卫遍布宫廷。百官早晨照常上朝。出乎百官的意料，武后出现了，身后跟随着中宗。中宗正要迈步走上宝座，中书令裴炎突然把他拦住，随即从袍袖里掏出了一道诏书，郑重其事地把武后的这道诏书当众宣读，说把中宗废却，拘禁在皇宫里。于是中宗被废为卢陵王。侍卫过去用手把中宗拉住，带出了大殿。

当时中宗一时不知所措，叱道："放开手！我犯了什么罪？"

武后说："你犯什么罪吗？要把帝位传给你岳父还不够罪名吗？"

当然，中宗那话是愤怒之下说出口的。愤怒之下的话当然不能认为实有其意，也不足构成被废的理由。可是反抗又有什么用处？

做皇帝刚刚五十四天，在文武百官众目睽睽之下，中宗皇帝被拉下了宝座。群臣大惊。如此专横的做法真是前所未见。中宗暂时被幽禁在皇宫里，下月被迁往均州，不足一月又过往房州（都在今日河北省内）。中宗的岳父也被贬往南方去。

朝臣与三军士卒不由心中要问，皇太后要怎么办呢？除去燕王忠之外，武后的亲子太子弘、贤、哲都逐一被贬谪，被幽禁，一个为皇后为母亲的这样做，的确是古今稀有的事。一般人都预料，皇子旦当继承皇位。

现在武后首次泄露了自己的政治企图。在二月十一日，皇子旦率领全体王公，在武成殿向武后进献皇太后尊号。出人意料的是并没有新君即位。皇子旦当时已经二十二岁。三天以后，十四日那一天，武后使她内侄武承嗣送去一道诏书，封旦为睿宗，居于东宫。睿宗再不在公众之前露面。更为奇怪的是，更无任何理由，亦无任何借口，更不设法捏造法律依据，这位睿宗"皇帝"便在东宫幽禁起来，禁止与大臣外人通信息。可算骇人听闻的奇绝办法!

睿宗旦，实际上是武后政治资本上最后的一文钱，其可贵，其幸运，就和第一位皇太子燕王忠一样，不过性质不同而已。燕王忠被诬谋反，因而罗织不少大臣，全予消灭。而睿宗旦是供武后篡窃帝位的一个合法的根据。武后另一个更远大的企图，打算推翻唐室，以武姓为本而改朝换代，时机还没到来，因为那需要另一种方法，另一种气氛，只有武后本人心里才明白。

武后现在以儿子睿宗旦的名义，独揽大权。历史称这个时代为武则天皇帝当政时期，由武后光宅元年开始。因为以后事情的演变更为纷乱，历史学家并不用睿宗年号。在武后天授元年，睿宗并未像中宗哲正式被废，就突然改为"皇嗣"，究竟算是谁的"皇嗣"，并不清楚。武后喜欢改变名字，把儿子的名字改来改去。皇子旦初生，起名叙伦；在高宗总章二年，废弃"叙"，单叫"伦"；在高宗仪凤二年，改名"旦"；武后天授元年，又叫"伦"；武后圣历元年，又恢复"旦"字。这种反复无常，改来改去，大概也给了睿宗一个犹豫不决优柔寡断的性格。

那一年的二月、三月、四月，都有热闹的日子。

发生的事情太多了。武后施展毒手，一而再，再而三，观众看得都来不及喘气。骆宾王在《讨武曌檄》里所写的“一抔之土未干，六尺之孤何托”丝毫不错，其实，高宗的陵寝那时还没有动工呢！

先父章怀太子贤还幽禁在成都。我那时才十二岁，已经三年多没见着父亲了。武后对先父的才具敬而且畏。生怕先父谋反，又怕为众人拥戴，起而推翻武后的篡夺。武后曾经深谋远虑，预为提防。谋杀先父，势在必行，方法则一仍其旧。在把中宗哲逮捕废掉的三天之后，武后派左金吾将军丘神到成都去。到了成都，那位特使第一步把先父监禁在后院屋内，然后逼迫先父自缢。

先父去世之前，曾写诗一首，至今尚在，题为《黄台瓜词》。歌词如下：

种瓜黄台下，
瓜熟子离离。
一摘使瓜好，
再摘使瓜稀。
三摘犹为可，
四摘抱蔓归。

为掩饰此次谋杀，武后令在显福门举哀。文武百官恭祭先父之灵，武后以丧子之母，亲与祭奠。此次先父自缢，据说过错都在丘神身上，于是贬丘神为垒州刺史。一般而论，丘神因“过错”而置一个皇子于死地，不会轻易逃出法网的。但是，几乎还没有过半年，丘神又被召还都，官复原职。公众于是恍然大悟，丘神只是奉行武后旨意，并没有犯丝毫的过错。

睿宗旦得幸苟全，只得对一切不听，不看，不说。他现在被监禁在皇宫里，比被流放远处反倒更安全，先父之命运可为例证。他是逆来顺受，知道自己活着是供给母亲武后大权独揽的一个合法根据而已。

武后并无须解释何以睿宗身遭幽禁，何以不在朝执政。几个大臣曾窃议此事，立遭贬谪出京，这件事武后不愿再听见有人提。

中书令裴炎看得很清楚。心里颇不以为然，但是也只是徒唤奈何。别的大臣也是如此。武后也知道皇帝不在位，百姓口里虽不说，心里也会有疑问。在垂拱三年正月，武后采取行动。她表示要归政与睿宗，但是睿宗很明白武后的话是言不由衷的。所以在一番谦谢不受之后，仍坚请武后继续执政。武后维护颜面的把戏玩得天衣无缝，对付睿宗手段可谓高妙达于极点。

第二十五章
男妃冯小宝

武后的丈夫高宗已崩，贤能的皇子弘和先父已经逝世，中宗哲囚在房州，皇帝睿宗旦也被幽禁东宫，武后身居皇位，在淡紫色的薄纱之后，独握大权，深信前途光明，来日方长。无人怀疑她的地位，因为她曾归政于囚禁中的皇帝，皇帝恳请她继续执掌政权呀。

在七月，彗星出现于西方，光辉极为灿烂，尾巴有二十余尺长，历时三十三日才消失。半夜起床，仰视天空，在彗星华严之美下，颇起敬畏之心。天空中有如此启人畏惧的景象，武后的确不能再有更奢的希求了。神已经说了话。于是武后又改年号为“光宅”。就在那一年两改年号，她把两个皇帝拉上了宝座，又推出了朝门。

新政权的特性上有了不少的改变，宝座上发出的是更为专横霸道的女人声音。更为反复无常，令人更为恐怖，不接受忠告，不容许反对。她发怒时，令人毛骨悚然，动辄暴躁起来。而真正更令人恐怖时，是她对你亲切友好之时。人人觉得朝不保夕。今天她是你的朋友，明天她就下道圣旨叫你人头落地。武氏现在有绝对的自由，欲与则与，欲废则废，可封官赐爵，可赐予权势使人炙手可热，可赐死，可贬谪，可消除毁灭，不管对方是何等人，完全看女皇芳心中一念之转了。无论是在私人生活方面，或是在大庭广众典礼仪式方面，武后之贪权势，爱炫耀，妄自尊大，真是达于极点。武后觉得自己的胜利，是非庆祝不可，用什么方式，则尽可不拘。她觉得仿佛穷人发了财，要兴高采烈，欢饮达旦，放荡喧闹，不然，就不够排场，不够气派。她甚至觉得非建筑一栋房子，要屋顶向地地向天，要建筑一座宝塔，塔座向天尖儿向地，觉得那样庆祝才心满意足。武后现在是兴奋激昂达于顶点。

光亮的彗星既照耀于天上，人间就要改变名称以表示灿烂荣耀。于是洛阳改名为“神都”。武后是无须再假装谦虚了。她采用了新旗帜，金紫两色，浮华炫耀，胆大包天。女皇陛下颁布了一道圣旨，整个政府机关的名称仔细检查了一遍，换了表示欢乐喜庆华美的名称。只说高高在上的朝廷里的名称吧：金銮宝殿左侧的门下省更名“鸾台”，右侧的中书省更名为“凤阁”，御书房更名为“麟阁”，尚书省改为“文昌阁”。一切都表示昆仑山顶上王母娘娘的神仙福地。要使她在人间的职位和宇宙的组织相配合，于是朝廷的六部也改了名称。“吏部”改为“天部”，“户部”改为“地部”，“礼部”、“兵部”、“刑部”、“工部”各改为春夏秋冬部。在

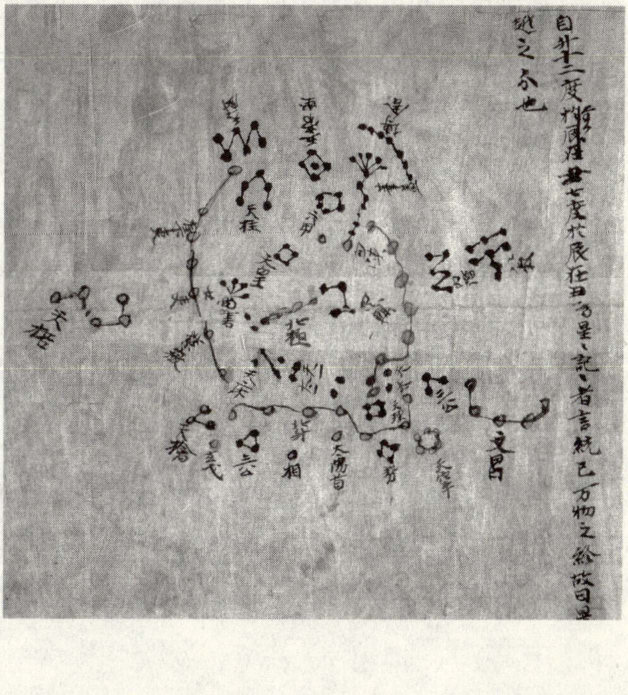

敦煌唐代星相图
中国古代的天文学对日月星辰的位置及其各种变化已经有相当精准的观测，同时，这种观测却常用来预测人世间的各种事物，尤其是向朝廷预告那些即将来临的福祸。所以，图谋政治变革的人，经常宣扬某星相的变化征兆是上天旨意的体现。

光辉灿烂的“光宅”之中，在此神仙福地的中央坐着那位女神仙。这时她用了一个比较不甚相宜的名称“皇太后”。她成为皇太后的那一年，一时疏忽，“天后”中的“天”字省略掉了。当然应当补救一下，谁能说不呢？

在欢庆假日的心情之下，武后决定要轻松一下，要庆祝一番——要按武后独特的方式。祖母的确似乎很快乐，甚至可以说是在胜利的气氛中，她是过于追欢寻乐了。

现在武后成了一国之主，决定要享帝王当享之乐。当年她曾经限制高宗的嫔妃数目与职责，提高宫中的道德气氛。现在自己身为国君，而无一嫔妃，何以消闲？何以取乐？但是又怎么设置嫔妃呢？当然，是需要一个男人。于是一个和尚现在就要主宰皇宫的生活了。结果，武后弄得声名狼藉，在茶馆酒肆之中，在说书唱词人的嘴里，武后与和尚的丑事，宣扬得无人不知，无人不晓，绝非骄纵阴狠如武后者梦想之所及。

我并非道学家，历代明主贤君的生活里也有女人。为什么女王不应该与她的情人享乐呢？也许武后要娶一男妃是要提高女权。但是武后于花甲之年，以女王之尊，而找洛阳闹市一个以摔跤卖药为业走江湖的壮汉为情夫，确是淫秽难恕。而这就是她庆祝获得新位之后的举动。

和尚名叫薛怀义，原来并非和尚，也不叫薛怀义，而是洛阳闹市上一个摔跤卖药的，以卖药丸和膏药赚钱，以打拳摔跤吸引观众。身体又高又大，好逞筋骨之能，以御女奇术自夸。我们在孩童之时看见过他出入皇宫，为人粗壮，筋肉结实，摆着架子昂首阔步，无一处不显得雄伟坚强。他原来姓冯，名叫小宝。由于一个宫女，他认识了一个公主，与那个公主很亲密，公主深知小宝其势雄伟，乃非常之器，逆转荐于武后。小宝深得武后欢心，武后常召小宝入宫，最初本是暗中来去，小宝并不注意自己的名字。但是一个粗壮的汉子而叫小宝，不但卑俗，亦且淫邪。武后令小宝改名薛怀义，因为武后之女太平公主嫁了薛绍，武后令其婿叫小宝为叔。太平公主也并非贤德之女，与母亲武后共事小宝，如参加宫闱阴谋一样。

武后现在似乎被小宝迷住，没有小宝就过不了日子，放任小宝为所欲为。武后的母爱虽然不足，现在却深深了然自已身为妇人，忘记了自已身为皇后，只觉得是个女人，在一个江湖摔跤卖药的前面竟软弱无力了。自已的无情，自已的克制，自已政治上严厉果决，在对小宝的情爱里，溶化得一干二净了。

也许武后觉得富贵荣华非如此不可，也许她觉得神仙一定这样纵情于酒肉淫荡。因为薛怀义渐渐使她相信她是如来佛再世，所以她下令在皇宫宝座后面建一“天堂”，高三百尺，神头之上画有灵光。她自信是如来转生，来到人间审判善恶。她相信皈依佛教会使她的新朝廷昌隆光大。

因为僧道有特权出入皇宫，尤其可以出入武后的寝宫，武后就下令小宝把头发剃光，以便常常进宫。武后使小宝当白马寺的方丈，白马寺是因唐玄奘出名的。因为这个方丈是为唐朝已故的帝王诵念经文的，所以可以常常进宫向武后奏事。

武后似乎愿意把恩宠赐予这个市井无赖，就和帝王把荒村小巷之女纳入皇宫一样。小宝深信掌握住了武后，但已往的市井流氓习气丝毫不改，成了京都街上的一个大害。自已骑在马上，身着皇宫官服的差人在前面开路。在城中的街道上，或让马信步缓行，或放马疾驰。来不及让路的人，不管是谁，就得挨几下铁链子，有一次他打了一个御史，就因那个御史弹劾过他。在皇宫内他受的待遇和一个驸马一样，如果无有其名，也有其实。武后把御马厩的马赐给他；他走过之时，宫中的官员向他卑躬为礼。武后的内侄武承嗣和武三思，向他卑躬屈膝，身如小吏，他上下马时给他拉马，借以讨他的欢心。

有一次，这位大和尚从皇宫前门进宫往武后的宫院去，大摇大摆地穿过门下省的大厅。门下省侍中苏良嗣，道貌岸然，为一谨严长者，向他招呼为礼，小宝假装没看见，不予还礼。苏良嗣大怒，斥道：

“贼秃子，焉敢如此无礼，你进来干什么？”

小宝捋胳膊，卷袖子，就要把他拿手的摔跤本领露几手儿，在朝廷宫门里咆哮一顿。但苏大人令侍卫制服了他，打了他十来个嘴巴。

小宝赶忙跑到武后的宫院英贤殿，大诉委屈。武后听了大笑起来。

“谁告诉你从前门进来的？你应当从后门进来才是啊。”

侍中苏良嗣什么事也没有。武后真是聪明绝顶，不愿意闹事。

武后不愿意让这位方丈离开眼前，也不愿让他到外面街上散播宫闱的丑闻，于是派他管理皇宫和御花园。小宝告诉武后他懂得建筑，至少会盖房子。因此便成了公然进入宫廷后院的借口。

皇宫中嫔妃的住所一向只许女人进入。现在允许一个真正的男人进去，颇惹起不少的闲言碎语。御史王求礼，一向恪尽职守，他上了一本，奏请将大方丈薛怀义去势之后，才允许他出入宫中女人住的宫院，以保“宫女的贞节”。

武后阅完奏本，大笑起来。她觉得所奏太荒唐，仍以绝顶聪明态度处之，置之不理。

第二十六章

徐敬业起兵与《讨武曌檄》

这几个月来，废却一个幼主，接连幽禁一个新君，以及其他一件一件的事情，有识之士看得心惊胆战，弄得梦魂不安。“光宅”的年号也被淫行狂暴污秽透了。老百姓口虽不言，心中却不能不想：这位秽乱春宫的武后，太宗之宫女，高宗之后，子女的母亲与凶手。各处风言风语，人人心存疑问。百姓心念当年的太宗皇帝，同情两位被囚禁的幼主，他们是太宗皇帝的孙子。武后最好不要迈进李家的宗庙一步。

在聪明人看来，最危险之举莫过于提升武氏子侄，莫过于在洛阳兴建武氏宗庙，与当年武后不重用皇后内亲的主张恰恰相反。现在武后把子侄们都官封要职，身居显位。因为武后有三个叔伯，如今有十四个内侄，其中以武承嗣、武懿宗、武攸宁最露头角。武承嗣野心最大，也最活跃，不学无术，纯系势利小人，专一倚强凌弱，阴谋险诈，无一刻安静，是一个真正的小政客，五月被任为门下省侍中。但是才不胜任，武后虽亲，也不能任用，在任不足一月即去职。承嗣为武后之父的长孙，今后在朝不断官居显位。武姓子侄们突然一跃而起，而唐室王公则星散凋零，或遭贬谪，或权位遭受褫夺。老百姓的批评是，那个方丈小宝拍武后，武承嗣与武三思拍大方丈，而诸大臣则拍武氏兄弟。其他武氏兄弟或官居大将军，或为一衙门的首长。

武后荒淫放荡，摧残唐室宗族。但唐室宗族却也人数众多。高宗及太宗有弟兄十几人，现在都在五十几岁至七十岁之间，人人都有儿孙。居王位者至少有三十余人。但是由于武后独握大权，朝廷真正的势力已经尽入武氏兄弟之手。武氏兄弟，在教育、品格、仪表上都比不上唐室宗族。武氏兄弟都是专横粗暴，朝廷要职如两都的将军，羽林军将军，都在武氏兄弟手中，这样唐室就自内而亡了。

武后代子执政，合理合法。太宗的一些兄弟都是些温文长者，深为百姓敬爱。其中以韩王元嘉、霍王元轨、鲁王灵夔最为知名。武后都封他们为高官，为朝廷点缀，却无实权。武承嗣要把这些长者罢黜，迁往外省，遂与中书令裴炎正相冲突。但在裴炎去职以前，这些唐室长者都安然在位。但是他们无权无兵，又有何用？

最引公众注目的倒是武承嗣奏请在洛阳为武家立宗庙。这显然是为武家开国立朝的意思。因为武家在长安已然有了宗庙，在东都洛阳按照唐室宗庙的规模，建筑武氏的家庙，当然是反叛的行为。武家祖先都已封有爵位，现在又将五代祖先都追封为王。

现在谣言繁兴，百姓寝食不安。武后显然正谋推翻唐室。百姓念念不忘太宗，一定得有人起来中兴大唐天下。两位少主在幽禁之中，无能为力。唐室其他王公子弟，眼看当时情形，心中惴惴不安。武后已经太荒淫专横，心中觉得不会有人起而造反，如果真有，也不难予以敉平。

现在是该一群儒生揭竿而起了。

徐敬业为英国公李之孙，李当年曾亲奉玺绶，进武宸妃为皇后，现在徐敬业起兵声讨武后了。有六七个儒生和几个被武后罢黜的官员相聚于扬州。大家以为武后倒行逆施，荒淫横暴，国人必有同感。于是用计控制住扬州驻军，伪称先父章怀太子贤在成都时并未遇害，现在实在军中，如今起兵声讨武后。主张正大，正顺民心，大家盼望中兴唐室，万分热诚，十日之后，声称聚兵十万。

起兵之始，先由骆宾王起草《讨武曌檄》，传檄州县。这篇檄文已成为中国之散文名作，必会万古不朽。檄文传至京都，轰动一时。而徐敬业起兵一事，反倒显得冷落，不甚惹人重视，有些名句，深入人心，人人争相传诵。除去文章的声调铿锵，掷地有声之外，其内容正道出国内百姓的真正心思，表达出儒生、官员平日只敢在家窃窃私语的话。意思表达得痛快淋漓，文字秀拔刚劲，历述武后人神共愤之罪过，对武后名誉之损害，远胜过十万大军。

《讨武曌檄》原文如下：

伪临朝武氏者，人非温顺，地实寒微。昔充太宗下陈，尝以更衣入侍。洎乎晚节，秽乱春宫。密隐先帝之私，阴图后房之嬖。入门见嫉，蛾眉不肯让人。掩袖工谗，狐媚偏能惑主。践元后于翚翟，陷吾君于聚麀。

加以虺蜴为心，豺狼成性，近狎邪僻，残害忠良，杀姊屠兄，弑君鸩母，人神之所同嫉，天地之所不容。

犹复包藏祸心，窥窃神器。君之爱子，幽之于别宫；贼之宗盟，委之以重任。呜呼！霍子孟之不作，朱虚侯之已亡。燕啄皇孙，知汉祚之将尽；龙漦帝后，识夏廷之遽衰。

檄文继续描写义军之盛况：

敬业，唐皇旧臣，公侯冢子，奉先君之成业，荷本朝之厚恩。宋微子之兴悲，良有以也；袁君山之涕流，岂徒然哉？是用气愤风云，志安社稷，因天下之失望，顺宇内之推心，爰举义旗，誓清妖孽。南连百越，北尽三河，铁骑成群，玉轴相接。海陵红粟，仓储之积靡穷；江浦黄旗，匡复之功何远？班声动而北风起，剑气冲而南斗平。喑呜则山岳崩颓，叱咤则风云变色。以此制敌，何敌不摧？以此图功，何功不克？

文章结尾处，呼吁前朝老臣当尽忠唐室。檄文上说：“一抔之土未干，六尺之孤何托？”檄文要庶民团结一致，尽忠李唐，若眷恋穷域，徘徊歧路，必遭诛除。义军势将旗开得胜，马到成功。

第二十七章

讨武兵败

不幸的是起义大军的领袖都是书生，其中没有一个人有战阵经验。如果战略运用得宜，起义大军可以像《讨武曌檄》上所说，大军之势可以如火燎原，把武后在迎仙院里活活烧死。但是众人议论纷纷，莫衷一是。如果当时依照几个才智过人的谋士行事，只要大军直取京都，即可获胜，一举即可定大局。那时朝廷的兵马措手不及，地方军队中很多都忠心于大唐，尤以勇武善战的山东健儿为甚，必然望风起义，倒戈来降，于是声讨武氏的武力自然声势浩大起来。但是徐敬业决定要谨慎从事。以金陵为根据，不取攻势，而取守势，意在初步失利之后，可以撤退，然后据有东南，继续作战。如此一来，遂无法把握人心；因为偏安金陵一隅之地，以众寡悬殊之势，行将征战连年，于是人心尽失。武后派左玉钤卫大将军李孝逸率兵三十万来击。两军在江北相遇。江北是一带平原，湖沼河流，纵横交错，离扬州不远。

最初，双方胜负不分，敬业军在金陵西北，半绕湖山为阵，以金陵为战事之枢纽。大将军李孝逸踟蹰不前。武后治事必求万全，决不冒险。李孝逸万一倒戈起义，加入敬业叛军，岂不麻烦。武后于是令曾北征突厥的名将黑齿常之率江南之兵监视李孝逸军。李孝逸的谋士向孝逸献计，请孝逸在黑齿常之到来以前，迅采行动，择敌弱点攻击，因为敌军中各处兵马，亦强弱不同，孝逸方面并非不知。于是两军在河水两岸往复厮杀。这两岸芦苇丛生，触火即燃。朝廷大军纵火烧起芦苇，当时秋高风大，火势蔓延甚速，敬业兵马大乱。敬业见自已兵马溃散，力谋在江南重整武力，终归失败。而朝廷大军已火速追踪前来。

最后，敬业见大势已去，想逃到海滨，乘舟前往高丽。在海滨等船之际，又被风涛所阻，不久，被部下刺杀，其他将领，悉数被俘。起草千古杰作《讨武曌檄》的骆宾王，从此失去踪影，再无消息。各被俘将领都遭斩首，将头送往京都献功。此次朝廷平定叛乱，历时不过两月，至十一月全部肃清。

义军二十五个将领的首级，高高悬在洛阳的城门之上。武后深恨反叛。不但敬业全家灭门，武后余怒未息，还及敬业的祖父司空李。纵然这位极人臣的开国元老，在她进位为后之时曾经亲奉冠冕，曾经使她得升高位，得揽大权，曾经身为元帅，征服高丽，并且是太宗皇帝的凌烟阁上二十四位功臣之一，他在九泉之下，也无法安宁。武后下令，将李的坟墓掘开，开棺戮尸。（统率大军平定叛乱的两位将领，也在数年之后为武后所杀。）

在战事仍在进行之时，武后已先向众臣发了一次雷霆之怒。

裴炎对武后的内侄武承嗣，处处掣肘，步步阻碍。武承嗣向朝廷控告了裴炎一本，武后遂下旨将裴炎处死。只因裴炎的侄子为敬业谋反事株连，武承嗣遂弹劾裴炎，控以同谋。而真正理由却是裴炎曾经向武后奏称，倘武后归政于中宗，叛军再无借口，势必瓦解。只因如此进谏，武后怀恨，纵然裴炎廉介忠贞，人人尽知，亦难免斩首之罪。裴炎身为宰相，身后抄没家产之时，竟发现相府只是家徒四壁，寥寥几件家具而已。

审问裴炎之时，殊为荒唐可笑，当时全体官员争论的，并非裴炎是否真正参与谋反，而是是否有谋反嫌疑。至于证据，则分毫无有。当时争论如下：

凤阁舍人李景谌："臣深信裴炎大概会参与谋反的。"

凤阁侍郎胡元范："不然，裴炎一向廉介忠贞。臣相信他不会。"

纳言刘齐贤："臣与胡元范的看法一样。"

武后："朕知道裴炎会参与乱党。诸卿并不知情。"

胡元范："若裴炎谋反，臣辈也谋反了。"

武后："朕知裴炎反，卿辈不反。"

唐朝武将
陶俑　唐代
陕西昭陵博物馆藏
唐朝前期沿用隋朝的府兵制度。军队由以府兵为骨干的中央禁军、边军和地方军组成。禁军的任务是守卫皇宫，位置在城北，故称北衙。北衙禁军在唐朝前期的宫廷政变中发挥了很大作用。

武后说这种话，心中原有隐秘之意。她的意思是，要使武家代唐室宗族兴起之时，裴炎必反，只是未曾明言而已。她和武承嗣都知道，必须把裴炎处死不可。武后阴狠起来，又将两员大将处死，只控以与叛将有旧，并未审判，仅饬宫中一小臣携带圣旨，驰至两将任所，即将二员大将斩首。一将为左威卫大将军程务挺，程务挺在世时，突厥闻之丧胆，被杀之后，突厥欢呼称快。另一将为王方翼，为王皇后族人。

敬业叛乱平定之后，武后洋洋得意，一天，召群臣于武成殿，御宝座，向群臣怒斥道：

"朕于天下，无所亏负，汝等可知道？"

群臣齐声道："是的，陛下。"

武后接着又说下去："朕辅佐先帝，三十余年，为天下忧劳，竭尽忠智。汝等爵禄富贵，全系朕所赐予。天下太平，全系朕休养生息之功。自从先帝弃群臣，朕以社稷为重，不敢自惜，只知爱人。叛军兴起，首魁竟系将相大臣。似伉扈难制，谁能胜似裴炎？将门之子，谁能胜似徐敬业？宿将善战，谁能胜似程务挺？彼等皆系人杰，不利于朕，朕能戮之。汝等如果自以为才略胜过彼等，尽可早日起事；如若不然，忠心事朕，切勿自作聪明，为天下耻笑。"

群臣顿首，不敢仰视，齐声奏遭："陛下，臣不敢，谨遵圣命。"

以事理而论，武后是代子临朝。她可以正言以告天下所行所为，并无失当；并无公然不忠于唐室之举。她的假面具尚未撕破。她仍然是仁慈之主，她"不敢自惜，只知爱人"。她当然正在君临万民。至于将来如何？她仍然是一代人君。她已然下定决心，要做千年万载女中之魁元。她自知有此能力，有此才略。

第二十八章

检举箱的发明

武后把徐敬业的义兵轻而易举地消灭了，把大将军程务挺和王方翼也从容不迫地杀害了，随之而来的是日甚一日的阴森恐怖。前面第四章曾经提过武后要用铁鞭子打那匹狮鬃马，用铁锤子捶，还要用匕首刺，她要这样把那匹骏马制伏。铁鞭子她早已用过了，在她举起匕首给那匹骏马最后一击结果它性命之前，现在她要抡起铁锤子往马上打下来了。这是她丈夫的马。听来是悖乎常情，实则是一字不虚。

义军被迅雷不及掩耳地扑灭了，这正称了武后的心愿。这不但使她浑身怒火如焚，也刺激起她浑身的勇气，她要采取行动了。这提醒了她会有同样叛乱发生，她的统治并不得民望，提醒她须要加强统治的力量，她须要使天下反对她的噤若寒蝉。她要实行恐怖统治，现在有了借口。由她已往的残暴阴狠上看，她要把全国整肃得如同汪洋血海。她清清楚楚地知道她怀着什么野心，她这样残忍的大屠杀之来临，已在预料之中了。

只要是专制独裁，无不需要恐怖屠杀。把宰相裴炎、大将军程务挺、徐敬业这几个大臣零星杀害，武后是意在震慑朝臣，略见她专横之一斑。不过这种随随便便杀几个并不够。她那肆无忌惮的野心是消灭大唐，建立自己武姓的天下。换句话说，她自己正是那个最大的叛徒，正在策划规模最大的反叛。她知道此举是胆大妄为，也深知失败的危险。为求自己野心的实现，她必得制造一种气氛，一种不同的政治气候，要使百姓深信她已经是至高无上，抵抗已是徒然无用，然后大唐的天下便像一个熟透的苹果落入她的手中。要使专制得奏全功，必须把压制人民的办法构成系统而有严密组织。谋杀既然已经合法，下一步要使其富有组织系统。于是武后发明了无处不包的间谍系统，使每个人都成了邻人的间谍。

以事后的聪明来看若干事件的发展，我们可以说，武后现在逐渐让我们洞悉了她的阴谋。在给丈夫的大唐皇室最后的一击之前，她先要创造一种适当的恐怖气氛，要从百姓对她的畏服获有把握，然后，使百姓向她欢呼，请求她改朝换代，而且要显得是出诸自然，形似至诚。制造万人拥戴的把戏比制造恐怖气氛较为简易。要制造血腥的恐怖气氛，她倒有两件事非做到不可：要有一群阴鸷残忍的小人，结成死党，做一个坚固的中心，这群人是否读过书，倒不关重要，而是能由她的暗示，凭她的颜色，不用吩咐，就能行事无误；她还得要一个效力强大的间谍网，要有充足的特务人员，谁要敢反，谁要敢造反，就能立时捕获。任何反抗的声音都要称之为叛国，称之为国家公敌，都要立予处治。只要随时有阴谋的恐怖存在，就要随时有威胁国家安全的组织存在，有这样的借口，国家恐怖紧张的气氛才能不断保持，而恐怖与屠杀才能有理由存在。如果保有这么一个残忍的特务与刽子手的坚强核心，如果间谍组织能充分培养，能发展强大起来，武后的成功是没有疑问的。

有了间谍组织，苦刑的技巧，逼供的方法，以及整肃、审问，无一不需要有高度的发展，只有如此，朝廷才能要什么口供，就会使犯人招出什么口供。虽然不是什么光荣头衔，在中国历史上武后算得是间谍组织的创始人，而且在武后的统治之下，苦刑的技巧与逼供的方法才达到最高度的发展（所以，遭杀者无一不“有罪”，而不是“有罪”者无遭杀，这是无人不知的）。就在武后的治下，科学的诉讼法《罗织经》才创作出来。后世的专制魔王，如果能从武后的技巧上学点儿乖，总会获益不浅的。

更简单来说，武后醉心权力，反复无常，而生性专横，她所需要的只是一个杰出的大刽子手而已。不久，她获得了十几个。这是她虎狼般的臣仆的坚强的中心，他们的武器是苦刑和密探。两个原则其实是一而二，二而一的——恐怖统治。以后随之而来的，是历史上罕与伦比的血腥的戏剧。然后，她再安富尊荣，享受那些愚蠢狗才忘记了的崇敬，那些蠢材忘记了她之得以攫获无上的威权，是由大屠杀得来的，她之得以称为“圣母神皇”，成为新时代的太阳，成为人类的恩主，也是由她的大屠杀得来的。

间谍制度创立得很够纯正堂皇，那就是在武后则天皇帝垂拱二年三月，在朝廷内安装了一个铜制的告密箱。箱子方形，分四部分装妥，每面的上端留有一条缝隙，告密的人可把密告书投在箱内。不论什么人，即便是农夫、学徒、罪犯，只要把朋友或邻人反朝廷的企图、反朝廷的话，或反朝廷的行动，向朝廷告密，便可以往那个铜箱里投下密告书，绝不遭受任何阻碍。

武后诏告天下安装那个铜匦的圣旨，当然是说得冠冕堂皇的。圣旨称：“铜匦之设，在求民意畅达于朝廷，正义得张于天下。”箱子的四面对着东南西北，寓有提倡四德之意。东方绿色，用以象仁；西方白色，用以象公；南方红色，用以象诚；北方黑色，用以象智——圣旨作如是说。武后从来不会忘记道德的。这种以四种颜色象征四项道德的纯正无邪的信箱，并不能为什么大害；而重要的却是信箱的用处与装设的用意。贪图利禄的那些御史和走狗用这种信箱作为诬告的工具，使清白无辜的人遭受荼毒，遭受酷刑，无数官员无数百姓，以及他们的家人，都被投入了十八层地狱。这项毒计使人人都成了朝廷的潜伏的间谍，邻人对邻人，罪犯对法官，仆人对主人，朋友对朋友。在生活里人人关心的是如何活命，而奸狡卑劣之徒，则出卖朋友相识，摇身一变，成了告密的人，于是抓住机会，立刻平步青云、飞黄腾达起来。剧烈的生存竞争真是方兴未艾。

随着安装上告密的信箱，朝廷向各省各县颁布了命令，只要有人要揭发阴谋，要控告言论批评朝廷的，不论其地位贵贱，地方官长当一律妥为招待，即使是监狱里一个囚犯，也应当优礼有加。担收此种情报或斥退告密之人，与庇护国之叛徒相同。如果告密的人愿意，要请求亲往京都面见武后，一路之上，地方官当供与膳宿，如同接待朝廷的五品官员一样。对于这样告密的人，武后竟然亲予召见。假若他是个长于辞令，面色凶狠，牙床宽大犯过罪的汉子，或者两眼贼光狡猾，可以做武后的爪牙，便立刻封予官职，或授予御史之职，或授予游击将军，并赏与绸缎金银。假若告密的人，情报不实，看来蠢笨无用，任其自去，并不处罚，他总会被认为存心讨武后欢心，用意原极善良的。武后对告密之人决不拒绝。

告密（当时称做“上变”，密报阴谋之意）于是成为一时的狂热，不久就成为无业流氓、赌徒、罪犯等辈获致富贵的捷径。时人把告密和偷窃相比，认为比偷窃益处大。因为偷窃失败，有坐监之险，如幸而成功，便可获得金银珍宝。而告密这种行业，如有才能精力，可以获取官职，即使失败，毫无害处。

就这样，很多有权力的刽子手便平步高升，成了权要，自有很多前来效力的，于是狐朋狗党，结合起来，特务人员遍布全国，彼此竞尚残酷，争奇制胜，以示对武后的忠爱。逮捕越多，定谳越众，越显示其忠诚。

朝廷里那些大刽子手之中，有三个以残忍出众的，因此也权倾一时。三人为索元礼、来俊臣、周兴。索元礼本为北方胡人，在以告密得势前，原本没姓无名。来俊臣本因抢劫监禁在狱，后来申请释放出狱，前往告密，才得发迹。周兴原有专业根基，他原来即研读申韩之术，在尚书省为尚书令，累迁秋官侍郎。此外还有一些豺狼之辈。侯思止本为贩饼小人，目不识丁，开口方音鄙语，鄙俚可笑，丑态百出。王弘为一乡村莽汉，在家不孝不悌，后因邻人过节欢会，他诬告邻人聚议谋反，竟而官升御史之职。

三个掌理讼狱的侍御史索元礼、来俊臣、周兴，就是肃政台的主要角色。他们在武后政变之前几年，

死刑图

此图描绘了唐朝执行死刑时的情形。罪犯跪于地上，一个行刑者在后拉着捆绑犯人的绳索，另一个在前拉着犯人的头发，刽子手在中间举起长刀。武则天为了维持权力，采用的手段无所不用其极。《旧唐书·则天皇后纪》说："观夫武氏称制之年，英才接轸，靡不痛心……吾君之子，俄至无辜被陷，引颈就诛。"

都是领导人物，影响极大。索元礼官拜游击将军，为特务首领，有权就地诛杀。来俊臣为御史台中丞；周兴初为刑部侍郎，因谋杀唐室王公有功，死前数月官升尚书省左仆射。来俊臣与索元礼两人之姓合而为来索，当时极为通用，因为来索即来搜捕之意，含义与残酷相同。府第之中女婢听见叩门声，出外一看是肃政台的官员，就回来呼喊“来索！”就和呼喊“鬼来了！”一样。史册上记载，在大约一个月之内，百中有九十九件案是主人被杀，家人流放为奴，家园破坏无余，只成一片废砖烂瓦而已。

一般而论，这些杀人魔王，都杀人数百，毁人之家千余。索元礼为罪恶昭彰的第一个告密者；周兴为处决唐室王公的第一名刽子手；来俊臣野心最大，最为人所痛恨，亦最为人所恐惧。武后灭唐之后，他还谋杀多人，谋杀多年。朝中文武百官之生死大权，都操在来俊臣一人之手。来俊臣最后遭戮之后，很多官员前去供认他们与此令人发指之人，曾在很多情况之下通力合作。

武后问：“为什么呢？”

群臣奏称：“事情很明显。臣若犯陛下之法，自己丧生而已。臣等若开罪于来俊臣，臣等全家妻孥必将灭绝，无一幸存。”

武后对自己的爪牙的行径，知道得非常透彻。这种特务首脑一旦失其效用，她决不宽容。如只向肃政台的新侍御史中丞来俊臣吩咐一下，命他谋杀周兴，这样吩咐一声就够了。武后暗暗敬慕那些刚正不阿的忠良之臣，凛然不惧，暂时流放远地。这些杀人的刽子手将来结果如何，武后身登王位根深蒂固之后，那些忠直刚正的大臣如何被召还朝，后文再表。

第二十九章

冤案少不了酷吏和酷刑

那些酷吏所用的酷刑和逼供的妙法，必须在此予以详述，否则削减唐朝国祚的那些事件，当时的审判与整肃，便无法明白。

徐敬业起事兵败之后，索元礼立刻平步青云，成为政要，当时以告密而致身显贵的第一人。徐敬业举兵反，正好供给当时一个搜捕谋反嫌疑犯的紧张气氛。朝廷故意制造一种风声，说有大举谋反的阴谋，说有很多地方在阴谋不轨。比起别人，索元礼逮捕过多，定罪也多。因为他首用逼供之法，而且方法独特。其酷刑之一为制一铁帽，戴在被告头上，用楔子打入，使铁帽逐渐缩紧，至口供逼出来为止；因被告顽强不屈而致头颅夹裂的，并不少见。如果囚犯因此致死，囚犯死就是死了。另一个方法是使囚犯躺平，以大石上悬梁上，下垂在囚犯的头上，可轻击，可重击，视囚犯的神志而定。第三个方法是把犯人两臂背身后，拴在拷问台上。因为索元礼在求逮获众多，在求效率高强，在求成绩优异，所以通常总是逼使犯人牵连别人及亲友相识等，所以每逢一人被捕，便有十余人受株连。结果索元礼深受武后恩宠，常予召见，并予褒奖。于是来俊臣与周兴便接踵而来，如法炮制。

司法制度,至此已荡然无存。所谓“合法”其意义已经与先前不同。在太宗之世，只有一年一度在秋天，并且经大理寺复审之后，犯人才能处死。犯人送往京都经大理寺最后定谳之前，在地方要经三级审判。如今在武后统治之下，犯人可以就地处死，然后申报。以前御史大夫的官廨是用以推详案件，或弹劾与控告之用。现在肃政台这个官署之内有两个监狱，叫做肃政台监狱。其中的侍御史一身而兼调查、审判及刽子手的任务。据李则之武后天授元年的奏议，当时肃政台的十五个巡回侍御史都是八品官，都可以将犯人就地处死，犯人无权上诉。

当时，来俊臣由另一个刽子手万国进帮助，编了一本起诉手册，名叫《罗织经》，使逼供法与互控法升格而成了专门学术。该书编排良善，携带方便，专供当时全国各地特务官员之用，以明显简短的提示，授人以谋杀及施用压力的精巧的合法办法。依据《罗织经》与酷刑的技巧，要什么口供就能得到什么口供，效果极佳。铜匦用来也极方便。每逢奸党要株连一位王公或是一位大臣，便从相距遥远的各省县投来密告，各书函内所控告的详情则完全一致，此案便交与秋官侍郎周兴办理。法官自己便准备好谋杀的公文。

来俊臣的高明技巧必须在此一叙。来俊臣的同僚王弘义曾就来俊臣的官署说了一句双关语。来俊臣别有监狱，奉武后旨意设在丽景门内，在皇宫西面不远。王弘义戏呼丽景门为“例竟门”，意谓被告一进丽景门便一例无治。不论密告被控何罪，来俊臣第一步先从鼻中灌醋。然后投置臭气难闻的土坑之中，不与饮食，犯人据说饿至自咬衣絮，再继之以神经疲劳。犯人被接连盘问，不许睡眠。犯人一睡着，就被猛然推醒，所以数夜不眠之后，头脑便昏昏迷迷，于是问什么招认什么，结果便被处死。此法极其灵验，而被告并无受刑痕迹。当时此种办法极为新奇，极为时髦，极为进步，而百试百验，别的人从来不曾想到，堪称奇事。古旧的生活信念至此粉碎无余，新一代的后生小子自以为正值“崭新的时代”，认为一切情况皆属当然。我记下这些情形，意在保持史实。如果后代再有刽子手，想以神经疲劳的逼供之法而以发明人自居时，他要知道，远在武后时，来俊臣已经发明此法，其新奇进步，并不亚于今日。并且也是利用一个人的爱护家人子女的情感，逼人招供。利用种种奇怪的整肃审问，以求建立兽性的恐怖统治的每种原则，都在武后统治之下发明净尽了。

来俊臣又造十个大枷是：①定百脉，②喘不得，③突地吼，④着即承，⑤失魂胆，⑥实同反，⑦反是实，⑧死猪愁，⑨求即死，⑩求破家。一个是强扭人四肢的刑具；另一个把头夹在刑枷之中，胸上压以重物，在地拖行；另一个是放重砖在枷上，自身后猛拉囚犯。在审问之前，先将这些刑枷摆出来。被告宁愿问什么招什么，怎样都好，但求免受酷刑。

根据周球告发惨刑的奏议，酷刑中还有一种将污泥倒入犯人的耳内，在头上重踏，有楔子的重枷，滚转的刑枷，挤压胸部，以竹签刺人指下，揪住头发挂起犯人，烧焦两眼。

这些审问之可怕，第一，因为告密的人，控告的人，审判的人，不都是实际上一个人，就是串通一气，不是毁灭他们想毁灭的人，便是奉武后之密旨行事。第二，一般都是控人谋反，家人子孙都要流配远方。一般的暴君都知道，在用酷刑不肯招认时，便利用家庭感情，以危及其父母、妻子、兄弟、姊妹为词。对家人减刑的诺言有时实行，有时背弃。第三，用这样方法，犯人难免受引诱而控告朋友与相识，以图减轻自己的刑罚，以求免除一死，得个流配远方。

就因为一个女人要求野心得逞，遂犯了这些滔天大罪，而且在圣贤以仁爱忠信垂训的华夏中原，人对一切美德，视若无睹，或将美德窃予曲解，失其真义，人人在恐怖之下，又如返回太古野蛮时代，死于恐怖；尤可悲者，是生时亦时时恐怖。人类是进步的，但当时竟一直向六千年以前古老的蛮荒进展下去了。文明当时已经成了人类遗忘将尽的残梦。

第三十章
也有疾风劲草

在武后残杀迫害雷厉风行之时，大唐臣子之中，尚有一些忠贞不阿之士，或为正义而甘心就死，或尽其所能，与淫邪之徒作殊死之争，正直之气得以不绝于人寰，人类之前途，赖以保存一线之希望。中书侍郎刘祎之被害一案，便是一例。曾有人闻听刘祎之说武后当还政于太子，以安天下，因此获罪。武后遣肃州刺史王本立鞫治，王本立拿武后的敕旨给刘祎之看，祎之说："不经凤阁鸾台，何谓之敕？"祎之否认武氏的敕合法，因为未曾经过门下省，这种合法手续，当时的人早已忘光了。在受审之时，虽然朋友严厉警告他，他并不撤销前言。他的确说过武后应当归政于皇上。他说这话并非不忠，并非违犯国法，此种主张应当坚持。来俊臣逼迫他牵累旁人，他严词拒绝。他说："皇天在上，刘祎之决不做告密之徒！"武后赐他自缢身死。他在狱中上疏自陈，大义凛然。他与家人共进最后一餐，向家人告别，身着朝服，从容自缢。此种情形，完全与韦方质、魏玄同、欧阳通三人死时一样（见《武后谋杀表三》第17、12、30号）。

还有一些御史大夫为维持国法尊严，拒绝同流合污，不肯残害忠良。李日知曾拒绝把一个清白无辜的人判罪。那桩案件在诸御史之间反复论辩多次。一个御史说："我以侍御史之身份断言，绝不容此人活命。"当时李日知也身为御史，参与鞫治，他说："我李日知在职一日，此人便不得处死。"

另外还有两个有名的御史，尽力为清白无辜的人辩护，一个是许禹公，一个是杜景俭，在本书后部此二人地位将日趋重要。许禹公不肯用刑逼供，部下都大受感动，相誓不再鞭打犯人。被告常说："我们不知谁来审判，若是来俊臣、索元礼，我们是活该命终，若是许杜二位，我们就可以活命了。"有一次，许禹公鞫治殷王旦的岳母，发现罪证不足，不与判罪。案子最后闹到武后驾前，许禹公与武后激辩，他说殷王旦的岳母在女儿在宫中神秘地死亡之后（见第三十八章），为女儿念经祷告过，这样祷告不能算犯罪，他自己身为御史，理当维护国法。

武后问："据我所闻，你把很多人宣判无罪，什么缘故？"

许禹公简洁有力地回奏说："臣未能把一些人判罪而将他们释放，这或许有。在臣，释放一个有罪之人，乃为大过；而保护无辜，使其免受诬害，当为明主贤君之至德。"

许禹公遭受了贬谪。但是武后还记得他，几年之后又把他召回朝廷，授予官职。由此可见武后对自己的所作所为，无时不知道得清清楚楚，把许禹公这样正直贤良之臣，在武后地位已经巩固，恐怖已无必要之后，都曾召回朝廷，重与任用。武后知人善任，或用一恶汉，或用一忠良，全因事而定。

还有诗人陈子昂，在武后垂拱二年三月，逮捕诬陷正雷厉风行之时，觉得理当上书进谏。那时他在尚书省身为小吏，专司公文文字正讹改误。从他的奏折可以看出当时的真实情况。

陈拾遗上武后表

今执事者疾徐敬业首倡祸乱，将息宁源，穷其党羽，遂使陛下大开诏狱，重设严刑。有民涉迹嫌疑，群相逮引，莫不穷捕考察。至有奸人荧惑，乘险相诬，纠告疑似，希图爵赏，恐非伐吊罪之意也。

臣窃观当今天下，百姓思安久矣。陛下不务玄默以救敝人，而反任威刑以失民望。臣愚暗昧，窃有大惑。

伏见诸方告密，囚犯累百千辈，及其穷究，百无一实。陛下仁恕，又屈法容之，遂使奸恶之党，快意相仇。睚眦之嫌，即称有密。一人被讼，百人满狱。使者推捕，冠盖满市。或谓陛下爱一人而害百人。天下喁喁，莫知宁所……

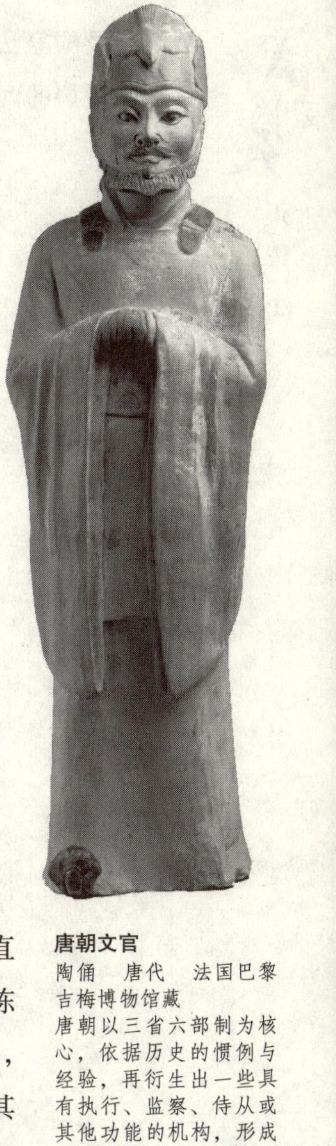

唐朝文官

陶俑　唐代　法国巴黎吉梅博物馆藏

唐朝以三省六部制为核心，依据历史的惯例与经验，再衍生出一些具有执行、监察、侍从或其他功能的机构，形成了唐朝的朝官制系统。在政治斗争中，武则天为了制衡与李唐宗室休戚相关的西北士族的力量，把政权向一般庶人开放，并主要从东部地区选任官吏。

子昂书奏达武后，自然没有下文，但也没有直言获罪。在奏折结尾处，子昂征引前代史实，并陈述自己的意见，忠心耿耿，流露于字里行间。他说，如此迫害无辜，一至黎民离心背德，群起叛变，其势将益猛烈。其实子昂所见并不全对。因为一旦恐怖气氛到处弥漫，大批逮捕成为日日常事，行刑处死者拥塞街头，全国之大，无不互相揭发控告，群起反抗便无从实现了。武后没有做错，她深知自己的做法很对。在武后永昌元年三月至十月，又在大屠杀如火如荼之时，子昂奋斗不懈，屡次上书，奏请武后罢酷刑行仁政。所以陈子昂可称是为维护人类尊严及国家法律而奋斗之第一人。若与同时专写诗向武后及其面首歌功颂德的两个诗人沈佺期、宋之问相比，陈子昂不愧是百姓的喉舌。

第三十一章 公众舆论

这时唐室的王公，高宗的叔伯兄弟等，还是不声不响。他们默默无言，只是暗中注意观察，在冤狱繁兴之下，这种沉默也不足怪。实在说，他们已是避害之不暇了。武后这时一面依照拟定的计划行事，一面与僧人冯小宝昼夜荒淫。她知道，这时候谁也不敢对她的举动有所批评的。

可是，她的丑事却闹得满城风雨，她算丢了脸。事情是这样发生的：有一天，太子少保郝处俊之孙太子通事舍人郝象贤，被大刽子手周兴控以谋反之罪。象贤坚不认罪，又向另一法官（任宣之）上告。

任宣之为象贤辩护，被免官。象贤终于被处死刑。在押往刑场途中，他不默默等死，却暴怒如雷，从围观的路人手里抢过一根杠子，挣脱了缚索，押解的人倒弄得不敢过来。就在那儿，他在人山人海当中大骂起来。在就死以前，他还有话要说，他有话要告诉群众。

在场的官吏、解差、群众，都很愿意听一听。他向群众讲说淫僧冯小宝的丑事，把冯小宝究竟是什么人、什么来历、他对武后的魔力是什么，滔滔不绝原原本本地全说出来。一桩桩一件件，都是淫亵不堪，也都是从没听人说过的，群众越听越入迷。而且说的不只是那位孀居的女皇武后，还有她的亲生女儿太平公主和义女千金公主。他说，为什么冯小宝叫薛怀义呢？因为太平公主的丈夫薛绍曾经认冯小宝做叔父……老淫妇……小婊子……

为什么郝象贤说话没有人拦阻？这当然不难明白。也许解差头子最爱听。象贤说完之后，大家忽然醒悟他原来是个就要处死的罪犯，他当然被处死了。

武后向来没料到有人敢说这种话。可是转眼就要死的人什么事情都敢做。武后觉得在百姓面前丢了脸，怒不可遏，于是下诏将郝象贤的尸体寸磔，刨开他的祖坟，把他祖先的尸体烧毁，并把郝家全家处死。她命令以后犯人出斩之时，一定用木球堵住嘴。这类事情再不可有。

恐怖惨杀在国内到处弥漫之际，武后大权在握，富贵荣华，与冯小宝昼夜寻欢取乐。武后正在准备大兴土木，新建宫殿，向百姓宣告新时代之来临。依照大和尚冯小宝的主意，她开始建筑一所大殿，叫做“明堂”。竣工之后，那种富丽堂皇，是一切宫殿所不及的。由于帝王思想与宗教狂热交织于心头，决定把新的宫殿起个宗教性的名字，并且委派这位大和尚监理兴建。在这所新宫殿明堂之后，有一套这个疯和尚胡诌的政治计划。最后，宫殿竣工了，不再叫明堂，改称“万象神宫”，为朝中大典之时武后延见群臣之所。这样，对人主神君两者的崇拜合而为一了。明堂之后建了一座宏伟的庙堂，叫做“天堂”。明堂之兴建终于引起一个绝大的政治危机。

修建万象神宫与天堂耗费的国币为数无算（武后向高宗建言十二事中第五条是“省功费力役”呢）。冯小宝征集了千万民工。巨大的木材自山中运到皇宫，一条木材就需要一千人慢慢移动。旧有的乾元殿是这所宫殿的前厅，现在拆除，好建这所“天堂”。天堂阔三百尺，高二百九十四尺，高三层。第一层方形，四面油成白、黑、红、绿四色，用以象征东西南北，其实是一团杂乱。中间一层有十二边，用以象征十二个月及黄道十二宫，上面有一圆顶向周围伸出，有九根龙形柱子支撑。上层有二十四边，正合二十四星宿。天堂的顶为圆形，正上有一铁风，十尺高，饰以帽钉，全身包金。殿中有一巨柱，自地上至殿顶，所有横梁、柱子、飞檐，都是上等硬木。这所大厦地基周围有铁渠环绕，用以象征“教化流行”，此乃仿周朝辟雍周围环水之意。其实从所流去者只是国币而已。如以想象而论，这位大和尚真算不坏，和武后狂想的丰富可谓不相上下。

龙门石窟卢舍那佛大像

龙门石窟始于北魏，而在唐高宗和武则天时期达到了鼎盛。公元672年，高宗在龙门山开凿卢舍那佛大像，武则天捐献二万贯脂粉钱资助建造。虽然石窟造像属于佛教艺术，但它跟政治紧密相连。从龙门许多唐代石刻造像中，还可以窥见武则天一步步走上女皇宝座的踪迹。

万象神宫的后面，向西更高一层便是天堂，是佛教的极乐世界。由天堂的第三层上可以俯瞰万象神宫。天堂里有一座塑就的佛像，佛像里用麻填满，高达二百五十尺，小手指上能容四人站立。武后爱这座佛像雄伟巨大。大和尚私下里雄伟巨大，天堂里这座大佛爷却在明处雄伟巨大。武后在一切事务上都力求终极、庞大，力求华丽、空前，力求威势无限。

换句话说，武后正在由人变佛。和尚好，佛当然也好。这所宫殿的前部不许公众进入，成了一座庙堂。武后坐在万象神宫里，大佛坐在天堂里，而大和尚为两方通消息。万象神宫与天堂是象征精神上的奇变，这种奇变是敏感的，又灿烂又阴淡，又神圣又平凡，虔敬与色情相结，性欲与宗教合一。万象神宫其实只是武后的闺阃，当然是富丽堂皇无以复加了。武后正在权高位崇，享尽人间的福气，天堂就在她的宫里，她在富贵荣华声威显赫之中陶醉得骨软筋酥了。

大和尚冯小宝现在狂得不得了，披着方丈的袈裟，紫绸紫缎，飘飘若仙，人行彩云之上，心中以为自己已经达到尘世荣耀的顶点。公卿大臣都匍匐在他膝下，国帑任凭他花用。万象神宫及天堂竣工之后，武后封他为左威卫大将军梁国公。这有何不可呢？女人凭她的花容月貌既然可以成为一品夫人，那么，只要皇帝是妇女之身，男人凭其雄伟之势，难道就不能取王公之位吗？在上元节大放花灯之时，这位梁国公大和尚装了十车银子，向宫殿外面的广场上扔，扔给那些男男女女的。他这是开佛教里的“无遮大会”，这时人无分男女，无分贫富，无分贵贱，芸芸众生，无遮无碍，都平等了。

一天他发了奇想，他要表示他能使佛祖升天。他想那一定非常好看。他使人把宫殿的地挖下五十尺深，把各样的佛都藏在地下，身上披金挂彩。他一声令下，各佛缓缓上升。这时一千只蜡烛照耀得庄严灿烂，看的人都赞不绝口。

武后和大和尚都喜爱硕大无朋的东西。冯小宝命人在巨幅的布上画一个两百尺高的佛头，佛的鼻子就有一个船大。佛头是用牛血画的。

可是他一定要看的人相信那血是他自己的膝盖下取出来的。因为虔诚信佛的人有时用自己膝下的血画个小"血佛"，这是贡献之意。可是那张大佛头画好了，一阵狂风吹来，把布刮得粉碎。冯小宝不灰心，再吩咐人照样画一个。

这种作伪真有点儿使人难信。尤其是，这么十大桶血，十头牛的膝下也流不了那么多。可是武则天和她这位情人都相信别人会信他们的话。武后和大和尚真是天生的一对。不但对佛教一味胡乱冲撞，而且都是想入非非，乐之不疲。冯小宝现在又杜撰神话，他说武后是弥勒佛转生，与佛学并无关系，虽然弥勒佛是来世之佛，阿弥陀佛是往世之佛，这也是毫无关系的。可是为什么不说武后是大慈大悲观世音菩萨，或是释迦牟尼呢？也有一个理由。因为一般人都以为弥勒佛是笑佛。懈怠舒服地坐着，又肥胖又风流，大腹便便，纯粹是肉欲满足的象征。在大和尚冯小宝很多次和武后坐在一起的时候，一定忽然看出了世界赤裸的真相，没有丝毫感觉的虚幻。他曾经看见武后的大肚子，在他肉欲与宗教交织的狂想中，武后就与大肚子弥勒佛合而为一了。他当然崇拜大肚子坦在腿上的弥勒佛，而且弥勒佛笑眯眯的。武后倘若是佛的转生，一定就是笑眯眯的大肚子弥勒佛了。冯小宝这位大方丈现在正令十个和尚编著一部新的佛经。在这部新佛经上，记载着弥勒佛是怎样由于对人类无限的慈悲，毅然决定再转生为武则天。这件事后来曾由武则天郑重其事地诏告天下。

武后在自尊自大自己陶醉的梦里，越飞越高，终于想再往前跨一步。她应大和尚与侄儿武承嗣之请，为了适应当时自己威赫一时的气氛，她自起一个狂妄称号。在垂拱四年五月，她很谦逊地把旧的称号放弃，自己改称“圣母神皇”。因为“皇”字可以男女兼指，总是帝王之称，所以存心选择这个意义含混的字。“皇后”只是皇帝之“后”，不好。她真心是要自称“皇帝”。黎民百姓对她称“皇”习惯了之后，她再改称“皇帝”，早晚是要改的。“圣母”二字表示的是坐在万象神宫里的女神，这两个字意义是极关重要的。

武则天一定具有一种所谓不受羁绊束缚的想象力。而疯和尚冯小宝呢？也能把性欲与宗教的狂想合而为一，而产生了力量的新根源。大和尚的雄劲与武则天的淫欲阴阳互补，交互增强。武后很快活，还不只快活——她是受了激动，受了鼓舞，获得了灵感了。

因为如此，不可置信的事也就发生了。倘若武则天要挑选个可爱的动物养着玩儿，那必然是茫茫沧海的长鲸。

第三十二章
人心惶惶

唐室王公之起而谋反是由明堂之兴建引起的。革命在酝酿的明证日渐加强，说武后即将篡夺唐室，武氏族人即将改朝换代，唐室就要灭亡了。武后现在是佛，是神。可是她仍使她的新朝代在古代找到个渊源。谣言纷传她将称她的新朝代为“周”，那是孔子的黄金时代。因为周朝初年明主贤君曾兴建明堂，作为宣明政教之所，现在武后建明堂，必然是重兴周室之意，必与周代有关。

武后现在日渐典雅好古。只有至美至善才能配得上这位命运之主宰的妇人。虽然她自认是佛爷转生已够狂妄，在钻研古史上，她之勇于发明也非比寻常。博学鸿儒也无法证明武则天与周朝的帝王有何关系。可是，周朝第一个皇帝是武王，“武”字是周武王驾崩之后的谥法，与武王之姓为姬根本无关，周是朝代名，并非周代帝王之姓。可是这个武则天不管。她姓武，武王为周代开国之君，她的国号称为周，当然没有什么不可以。

武后篡唐之后，她居然把武王的灵牌供在武家的宗庙里，作为她的第四十代祖先，就这样供养起来！她的身世微贱，她的做派倒很高妙。若能办得到，她还要认孔夫子做祖先呢。明堂之兴建与随之而起的传闻，的确是一个危险的信号。在这种日甚一日的威胁之下，唐室真是岌岌可危了。由兴建明堂上，武后便暗示，由于古今这所宫殿之相似，她的当政之下，周朝那样的黄金时代行将再度出现了。这时已然有学者从书经上指出了预言。书经上不是有一篇庆祝武王成功的“武成”吗?

现在所缺的只是上苍的祥瑞之兆了，一个新朝代创建之始，这种吉兆是必然出现的。这种吉兆是表示天意，天意要改朝换代，人力是无法阻止的。有了上天的吉兆，黎民百姓才有的谈论，才有的信仰。这种吉兆也许是一个明亮的星斗，也许是晨光，也许是真龙天子卧室屋顶上冒出了像龙形的白烟，倒是有一个预兆，而且确实发生过。那是在武后垂拱三年七月，一个农夫报称他养的一只母鸡变成了雄鸡。这种事情当然还会再度发生。在武后永昌元年正月与十月，又有这样事情发生，由各地农夫呈报的。阴阳颠倒，当然预示行有非常之变。武后不愿把这种事情传播起来。她觉得另有良策。上天的预兆自然有武承嗣捏造出来，因为这时冯小宝那位大方丈正在编《大云经》，记载佛爷转生的奇事呢。

武承嗣令人伪造一通古碑，上面刻着八个字：“圣母临人，永昌帝业”。这几个字是刻在一块紫石上的。石碑预先扔在洛水里，然后再由一个农夫无意中打捞起来。若说这件事情是由武后、武承嗣、太平公主、冯小宝四个人，共同周密设计的，也不难置信。农夫把那通石碑送到朝廷来时，武后装做惊喜之状。农夫被任命为游击将军。

武后一向爱用“圣母”这个词指自己，并且相信一个古代的预言就要应验了。上天的预兆总算利用得很充分。前面说过，下个月，她毫不客气，自称圣母神皇。在那年十一月改年号为永昌，好与石碑上的“永昌帝业”相应。

这时她决定在南郊设祭，答谢天地，洛水改名为永昌水，水神封为显圣侯，石碑上那个图文为“天授圣图”，出图之所称为“圣图泉”，那一带禁止钓鱼。嵩山改名为“神岳”，山神加封“天中王”。为了庆此大典，乃大赦天下。一连串欺骗把戏，武后做得一丝不苟，当时的学者鸿儒当然毫不重视，武后只是存心蒙骗黎民百姓。可是那一套把戏之不足信，就犹如她自称为武王之后一样脆弱荒唐，可是武后深信老百姓是爱神话，爱奇迹，爱预言，而且深信这些东西。

所有那些宗教性的假面趣剧，政治宣传，狂想与妄自尊大，都在那年七月里大吹大擂地闹起来。宫廷里宣布，要举行一个仪礼，武后要亲到圣图泉，恭受神召君临万民。届时必为一旷古盛典，所有皇室王公，文武官员，有爵之夫人贵妇，都要在大典举行之前，在京中庆祝十日。

一切都显示政治上立刻就有激变发生。上天的预兆的含义，及一切狂谬的宣传，唐室的王公都明白。一个新的朝代的建立已迫在眉睫，已不可避免。谣言四起，盛传天命已移，革命即起，唐室王公被召入京，即将一网打尽。畿辅一带，谣言更盛，人人信而不疑。

唐室王公本来散居各省，于是彼此之间，密信纷飞，与京都朋友之间，也急传消息。谣言究竟可不可靠呢？王公们是去参与典礼呢，还是不去呢？在京都的王公们自己也不知怎么想才对，也不知道信什么好。由各种征象看来，凶险之事即将来临。纪王慎听到了谣言，置之度外。东莞郡公融（鄆王之子）写信给友人高子庚，高回信：“如欲活命，勿来京都。”

此时，尚有六七个老王，皆是太宗皇帝之弟。其中最得人望者为韩王元嘉、鲁王灵夔，二人为一母所生，至为亲密。其次为霍王元轨，乃高宗伯父，人品高洁，见重于时。箭法高妙，在野猪成群奔驰之际，欲射任何一个，开弓必中，万无一失。学问渊博，仍钻研极勤。为官之时，一切公事尽付诸长史司马，自己治学为乐，手不释卷。性不喜炫耀，淡泊自甘。为人深沉宁静，高宗当年遇事诸多咨询，有大事待决之时，常暗中函询。高宗兄弟之中，纪王慎和越王贞，都已六旬左右，文笔之佳，为他王所不及。诸王都官高爵显，但在武后光宅元年裴炎被杀之后，都奉命离京在外为官，霍王元轨在山东，韩王元嘉在河南，还有其他等等都已东分西散。诸王将何以自处呢？

若说武后与她侄儿武氏兄弟故意散播谣言，说将在京都将诸王一网打尽，用以激起诸王仓促举事，然后像狱吏故意纵放囚犯逃走而自背后射杀之那样，并非无理，而且极为有理。诸将凭借什么自卫呢？还是慎重从事，在武后挑拨刺激之下，隐忍不发吗？还是奉召入都，齐集一处，像成群的猪羊遭受屠宰呢？还是含羞忍辱，受刽子手周兴的酷刑呢？像个男子大丈夫挺身而起不比在监狱中憔悴而死好得多呢？

与当时情势有关的唐室宗族计有：

太宗诸兄弟：

霍王元轨	其子求都王绪
韩王元嘉	其子黄国公
鲁王灵夔	其子范阳郡王
灵鄞王元亨（已故）	其子东莞郡公融

太宗姊妹：

长乐公主	其丈夫寿州刺史赵瓌

高宗兄弟：

越王贞	其子瑯琊王冲
纪王慎	共五子

韩王元嘉使人致书诸王，信中说："大享后，太后必尽诛诸王，不如先起事。不然，李氏无种矣。"

黄国公时为通州刺史密函致瑯琊王冲，冲当时为官近在京畿。云：

"内人病渐重，恐须早疗。若至今冬，恐成痼疾。"

当时诸王散处各地（多在今河北、山东诸省），呼应本极困难，况当时谍网密布，更为不易。但又事不宜迟，必须立即决定。即单为保全生命，也须有所行动。

武后总算把他们吓惊了。她盼望他们仓促起事，而自己袖中藏有利剑冷静等待。因为她正是代子临朝，她的儿子就是太宗之孙，即使把唐室王公杀个净尽，也算是保卫唐室。倘若诸王公不举兵起事，她仍可以指派密探，酝酿事端，将诸王公完全罗织在内，也可以一网打尽。她随时可以饬令肃政台的周兴采取行动。她是十拿九稳的。

第三十三章
大屠杀

在武后光宅四年八月，唐室诸王公举兵讨乱，通称越王贞之讨乱，而实际上是由其子博州刺史琊琊王冲及其侄黄国公发难的。伪造一信，假为中宗哲所写，求诸王起兵将他从房州囚禁中救出。琊琊王冲立即准备起事，并函诸王进兵京都，自已在山东将立即起事。

但是准备不足，联系不佳，计划不周。又因不晓畅军事，起兵七日，即行溃败，为部下所杀。兵败消息传至各王公处，各王公都畏惧不敢发动，只有长乐公主及其丈夫寿州刺史赵瓌举兵响应。长乐公主为中宗哲之岳母，在她贬谪出京之后，其女在宫中是绝食而死的。长乐公主对丈夫说："若唐室王公为男儿，当早已起事矣。"琊琊王冲与父亲越王贞乃不计成败，单独起事，因为越王贞知道，起事与否，终难免受其子之牵连，与其坐而待毙，莫若举兵讨乱。但手下只有两千人马，并且又邻近京都。朝廷命张光辅为诸军节度，以十万大军来击，越王寡不敌众，大败，自杀死。

武后现在可以把唐室王公一网打尽了。因为王公们公然谋反。她只需要吩咐狗才周兴将各王公株连在内，把各王公的家族也株连在内，究竟参与谋反与否可不必过问。因为有一个似乎很充足的理由，就是越王冲纠合各王起兵的信落入武后的手中。以周兴过去多年来逼供的手段，她知道她要多少人做证都能有，所以分门别类起来，实际上，把唐室王公，各王公之家族、亲戚，以及其他与他们亲近的都罗织在内了。

现在整肃与审判开始了。若以正常审判程序进行，处刑的也不过五六个起兵讨乱的王公。可是那场大残杀——的确是大残杀，因为根本没有正常的审判程序——把唐室的皇族都包括在内的，计有王公的妻子、儿女，儿女的儿女、朋友，全都在内。由当时的事件上看，虽然似乎难以令人置信，唐室王公之起兵完全是武后逼出来的，然后以皇族造反为借口，借故将唐室皇族完全消灭，与罚有罪、惩犯法，是完全不相干的。武后要怎么办，周兴就遵命照行，周兴也有权力，愿把谁处死就把谁处死，愿将谁判刑就把谁判刑。只要说一声某某与犯人相识，就可以把他罗织进去，处以叛国之罪。就这样，一人受审，看来仿佛合法，几十家便遭灭门之祸。整肃一次又一次，就如波浪一个个跟踪而至。押赴刑场处斩的行列就如

俯伏叩首的官吏
陶俑　唐代
李唐王公公然谋反，武则天趁此机会将各王公株连在内，几乎将李唐宗室杀戮殆尽，其幼弱幸存者亦流放岭南，又诛其亲党数百家。武后的假面具现在已经摘了下来，她的目的就是毁灭她丈夫的唐朝。

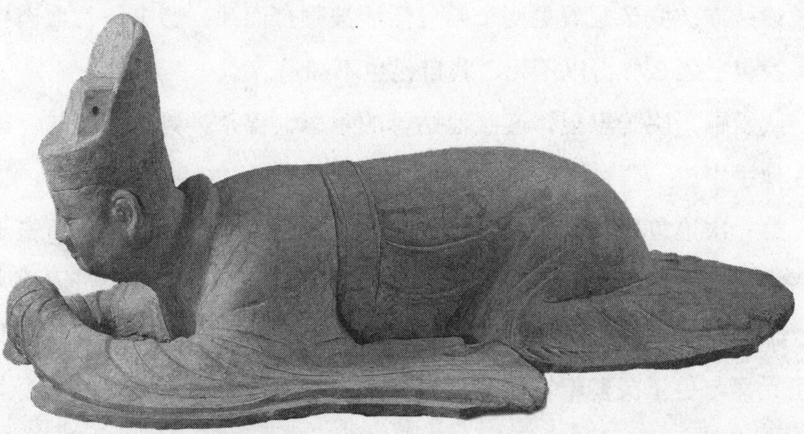

同游行一般，尽量铺张宣传，借此使恐怖气氛深入人心。宫廷里的谋杀现在也不必找什么勉强的借口了！

审判、逮捕由武后光宅四年起，一直继续到武后天授二年的后半年，株连的关系性质越来越广泛、越细微，可以说，唐室宗族大多数人及重要的王公都已消灭殆尽。看一看唐室的族谱，就可以看出来五家完全灭门（霍王元轨、韩王元嘉、舒王元名、徐王元礼和越王贞），只有鲁王灵夔、纪王慎、许王素节的少数孙子还得以残存。幸免于死的儿孙都流放到亚热带的地方，有的充做奴隶，有的潜踪隐迹，不得出面，都得改姓虺。

武后的假面具现在已经摘了下来，她的目的就是毁灭她丈夫的唐朝。她以前向太宗皇帝夸口，她说她能制伏太宗皇帝的那匹悍马，那匹悍马就是大唐这个朝代。现在她已经抽出了利剑，眼睛连眨也不眨，将利剑刺入了她丈夫的家族的心脏，她可是无时无刻不装作对唐朝爱戴，对唐朝尊崇，对唐朝要竭忠尽力。

现在人间成了地狱，大唐的子孙的日子里是暗无天日。对大唐的子孙没有仁慈，从不打算对他们存一丝怜悯。当时情势之惨淡恐怖，现在真令人无法想象，即便亲眼看见，仍然觉得难以置信。公卿的头滚落地上，学者儒生用锁链捆着，在街上成群地赶着走；王公等在贬放远方的时候，都装在囚笼之中，在街道上行行列列地过；王公的家人、妇女、幼儿、仆役，向遥远的南方，草昧未开的南方，不远千里而长途跋涉。我亲眼看见两个弟兄活活被鞭打而死，脸上一片血肉模糊。我自己怎么样得以不死，我自己也不知道。

武承嗣，阴鸷毒狠，遵照他姑母的意思，谋杀、判刑、流放，都操在他手中。

第一次迫害残杀是在武后光宅四年的九月至十二月，正是唐室王公兴兵讨乱之后不久。霍王元轨已是七十高龄的老者，被装进囚笼之中，流放黔州，不到十天便死在陈仓。他的儿子江都王绪被斩于江都。韩王元嘉与鲁王灵夔奉旨在家中自尽，财产没收。韩王元嘉的三个儿子都被斩首。韩王元嘉家中被抄没之时，才发现府中藏书极富，凡一万余册，其中若干册备极珍贵，为宫中秘府所不及，都是由韩王亲手精心注释过的。高宗之弟纪王慎，为人拘谨勤慎，官居刺史之时，有善政，民为立石颁功德，从未参与起兵作乱，可以说他无时不极力避免涉及此事。但被控以知而不举之罪，因为他曾招认知道越王纠集请王起兵的那封书信。那时他年已六旬左右，被装入囚车里，暴露在风尘之中一个月之后，死于流放巴州途中。五个儿子全被杀。舒王司空无名发配利州，虽未死于途中，一年后改判死刑，被杀。

武后之残杀并非漫无标准，而是做得干干净净的。依朝中官秩而论，最高者，太师、太傅、太保及太尉、司徒、司空，都是皇帝的元老顾伺。这些官位现在都空了，人都消灭了。唐室的元老重臣都不在了。再消灭只有消灭一些小人物了。现在唐朝皇室已经完全空虚，消灭唐朝这个朝代还费什么事呢？

第三十四章

授图大典与禁止屠猪

因为唐室王公起兵作乱，武后接受“天授圣图”的大典耽搁下来。把变乱平定之后，唐室王公元老杀的杀，流放的流放，诸事已毕，现在授图大典在圣图泉举行。这是武后当政期中诸盛大典礼之一。武后身穿帝王的龙袍，头戴皇冕，十二条旒玉垂在面前。典礼完毕之后，将圣图石装入神龛之中，带回去安置在万象神宫。在武后永昌元年新正元旦，这位圣母武后坐在万象神宫，受文武百官朝拜庆贺。

那时我也厕身其间，不住地望着。这时在我身旁的还有伯父旦的妻子刘妃与杜妃，那时她俩还活着。祖母坐在宝座上，手执玉笏。前面陈列着七个与弥勒佛有关的玉器。除去她下巴周围有微细的皱纹——也只有在近处才看得出来——她看来精力充沛，身体康健，显得非常有福气，快快乐乐，心满意足，好像刚吃了一只兔子的毒蛇，现在正盘在一起，舒舒服服地酣睡一样。她身旁摆着那个天授圣图的神龛，石碑上刻着“圣母临人，永昌帝业”八个字。现在这圣母是肉体真神了。

一切都是豪华壮丽，这是毫无疑问的。新年也是热闹非凡。万象神宫点缀得金碧辉煌，万象一新。大和尚左威卫大将军冯小宝，现在已封为梁国公了，因为不惜民脂民膏，建起了富丽堂皇的高楼大厦，真是立了大功。现在披着紫色绸缎闪光耀目的袈裟，在宫中踱来踱去。伯父旦现在算一度出现在大庭广众之前，因为在祭典之中应当由他担任亚献。祖母的眼睛平时总是眯缝着像一条线，现在文武百官跪在她面前，向她这位圣母君临万民欢呼庆贺之际，她的眼睛现在光芒四射，她精神焕发，龙颜大悦。武后手中操着生杀大权，文武百官的官爵禄位也操在她手中，武后自己知道，她知道满朝文武百官也明白。

现在残杀迫害该轮到唐室官位次一等的王公了。用意并不在消灭谋反者及其共犯，而是要在正式宣布改朝换代以前，把唐室的宗族斩尽杀绝，并加强恐怖，慑服人心。

屠杀是一阵一阵的，中间显不出接连的痕迹。第二次是在武后永昌元年三月至四月，这一批处死的是十二个王公。几百户人家要跋涉两千里之遥流配到南方去。这一次过去，情势又紧张起来，第三次残杀跟踪而至。武承嗣现在官封侍中之职。武三思教唆煽动，

绛红罗地蹙金绣半臂

武则天供奉的仿唐朝仕女短袖上衣，形制为捧真身菩萨。这是典型唐代仕女半袖上衣，衣长仅过胸，对开襟，是唐朝丝金织物的绝代佳品。

助纣为虐，王公大臣唯唯诺诺，匍匐左右。在本月七日，王公、大臣、武将被杀者三十六人，其中包括很多鸿儒学者。武后不但专横强悍，又猜忌多疑。间谍满天下，只要有人一言一行似乎对她微有不满，对当时情势不甚赞同，或模棱暧昧，不甚可靠，或对这位圣母不能随时宣誓效忠，她的间谍人员立即予以调查。而且对她不满的人很多。在整肃审判之中，她杀了九员大将，三位中书令，一位中书侍郎，四位侍中，两位仆射，六位大臣（见本书末谋杀表三)。

在鞫讯之时，证人所提供的证据并不重要。在武后光宅元年，徐敬业起兵作乱失败之后，徐敬业的一个弟弟想逃往突厥。当时幽州两个地方官帮助他逃亡。后来，徐敬业之弟被捕，两个地方官遂被逮捕。这两个地方小吏没有资格，也没有福气认识唐室王公或大臣，也无法知道王公大人在京都的行动。而且光宅元年徐敬业之起事与唐室王公之起兵平乱也风马牛不相及。这两个小吏当中有一个要自己活命，朝廷给了他一张朝廷要杀害的人名单，又吩咐他在判官准备好的那张有关那项阴谋及联系关系的宣誓陈述书上签了名。这样，就可以随便将唐室的皇族杀的杀、害的害了。

由永昌元年下半年至天授元年上半年，残杀是一次一次，密密相连。到第四次残杀到来之时，唐室皇族已经零落殆尽了。第四次残杀主要是针对唐室宗族中的文武官员。在天授元年七月，也就是诏告新朝代开始之前两个月，残杀是无休无止，真是令人怵目惊心，所以如此疯狂屠杀，完全是要在天命归武后之时，确切做到没有一个人敢向老天爷说一声“不”。合法而有系统的屠杀步步加紧。武则天是使老百姓死心塌地地相信唐朝的天下已无可挽回，而秉命于天的圣母已经兴起，古代的预言就要应验了。武后知道，两个月之后，就有千万人来请她废除唐室，她那时若是谦谢不肯，而一定还有千千万万的人再来坚请，来请求她开创一个新朝代周。那时，只有在那时，她才觉得难以坚拒，只好勉强俯顺舆情，改朝称“帝”。

也许有人要问何必要屠杀三千人家。这是必需的，不可避免的。

只有一个理由，这个理由非常重要，就是，唐朝的一个儿媳当皇后不满意，当大权独揽的皇太后也不满意，至高无上的代子执政还是不满意：她非在历史上当个从古未有的女皇帝不可！

只有王子哲和王子旦她不愿杀害。两个人还在幽禁之中活着，就好像一个以赌为业的赌徒的最后两文钱，总还要留在钱袋里一样。这两个王子蒙圣母开恩赐姓为武。

武后一向不喜爱许王素节和泽王上金（非武后亲生子），他俩早就监禁起来了。现在这位后母亲不慌不忙地伸出长长的胳臂，把两个王子轻而易举地结果了。许王素节与其九个儿子及泽王上金与其七个儿子又杀掉了。只有几个年岁最小的孩子蒙圣恩饶了性命，其中有我的好友堂兄璆，就是现今的英国公，他们几个孩提之童都被流放到琼崖。那正是武后天授元年七月，正在武后诏告天下废唐改周之前不久。

大屠杀是在武后天授二年前完毕的，而最可怕的事情发生在武后长寿二年。那一年，酷吏来俊臣的党徒万国俊已经被派到广东，调查遭朝廷残杀者留下的孤儿寡妇不满朝廷的谣言。万国俊把他们传到官府，命令他们都去自尽。官府的厅堂哭声震天，一片阴森凄惨。万国俊说："好吧，那么跟我来。"

他把三百个孤儿寡妇领到河边，完全屠杀个光。这样，他才能回到京师，向武后回奏罪人的妻儿对朝廷极为不满，正急谋反叛，幸而他及时赶到，得使阴谋不逞。万国俊立刻官拜御史大夫。

别人看见万国俊立功受赏，都奏称其他犯人流放各地，恐怕也难免有不满朝廷之徒。于是若干朝廷官员都任命为巡回御史，派往四川、贵州、广西、云南边陲各地。于是残杀之事又层出不穷。为了表示忠于朝廷，刘光业屠杀了男人、女人、儿童约有九百个，王德寿杀了约有七百，另外几个武后的密使大概各杀了二百至五百不等。

血淋淋的事实先不说，就单把遭受残杀的人名列出一个表来看，已足够令人厌恶痛恨的了。一言以蔽之，这些谋杀罪行之发生，并不得归罪周兴及其党徒，而完全是武后狠毒的政策之中的重要步骤。

后面有一个相当详尽的表，表上所列的男女都是由于一个狂妄自大的非常女人要实现她的野心而被杀害的。屠杀表上所列的一个人名，通常都是由于这一个人而株连到一个十口至二十口之家遭受流放，在荒野凄凉的迢迢长途向遥远的琼崖，或亚热带的南部各地跋涉行进。下面各表中并没把三品以下的官员列入。在中外历史上，武则天倘若不是最大的凶手，毫无疑问，她也能列在前几名。

武后在长寿元年四月，在一个放荡狂欢的宴席上，她颁布了一道旨意：禁止屠猪！这是因为她受了大和尚左威卫大将军梁国公冯小宝的影响，她也皈依了我佛如来，变成了一个虔诚的佛教徒。

第三十五章
请求改朝换代

现在正是武后天授元年，正是凶险不祥的年月。在过去的一年之中，残杀的阵阵浪潮已达于极点（由附表中可以看出）。唐室王公已完全残杀净尽。黎民百姓的心里已知事不可免，只好适应新情势好了。历法已经依照周朝改正，十一月算是正月，周朝指“年”叫做“载”，现在已经改“年”为“载”了。就在改年为载的那一年，周兴奏请削除唐室子孙所有的爵位。这种请求武后当然不难答应。周兴把唐室王公杀得一干二净，他的命运究竟如何，他自已还不知道。

本年由正月到八月，朝廷的政治风涛日趋险恶，随改朝换代之日越近，恐怖之气氛亦越发紧张。在五月和八月里，文武大臣杀得不少，武后一人之意才算至高无上，已经显然可见。向她丈夫的这个朝廷予以最后的致命打击一下，时机业已成熟，伪装忠顺可以撂开了。现在所需的只是一道圣旨，一张纸条儿下来就可以结束唐朝的命运。武后与侄儿武承嗣，女儿太平公主，情人大和尚冯小宝（现在早已名叫薛怀义），早把计划拟具妥当了。

"革命大业"定在九月发动。在两个月以前，就把《大云经》布告全国。《大云经》上泄露天机，告诉十位高僧，说武后乃系大肚弥勒佛转世。朝廷颁发圣旨，饬令把《大云经》分发全国各寺院。又过了四个月，朝廷又颁布圣旨饬令在长安与洛阳两地各建大云寺一座，专为收藏这部泄露天机的佛教圣典之用。和尚奉令宣讲《大云经》的经文。九个谄媚无行的和尚蒙武后恩宠封为公爵，恩准披紫色袈裟，带龟甲垂饰。这样，武后就公开承认自己是弥勒佛转世之说了。谁能说不是呢？也许在前生她是弥勒佛呢。

现在一切俱已妥当，在九月初三那天，长安人傅游艺率九百人，到宫门请见武后，递请愿书，请朝廷取消唐室，建立周朝，皇子旦当立为太子，赐姓武，以安民心而顺天命。

武后蔼然微笑，深为感动，但是究竟民心如何，仍无把握。于是谦谢不受，将请愿书放在一旁。但是傅游艺因此封官鸾台侍郎。

但是事情不能就此完了。此后不久，又有六千人，其中有僧有道，有商人，有官吏，有王子，有外族首长，齐来围绕皇宫，喧嚣请愿，请求改朝换代。群众由武承嗣率领，由十二人进宫面谒武后。他们带有一个长折子，上面有六万人的签名。这一定是武承嗣做的，在武后背后用了人们的图章，并没有向武后明讲过！武后一见大惊，不相信。六万人是各行各界的呢！现在是黎民百姓说了话。这好像还不够，皇子旦也上有表章，奏请武后赐姓武。武后一看众望难却。她说，如果全国民心真愿如此，她可予考虑。

这时有传言称，在九月初五日，有赤雀数百噪于万象神宫的殿顶。更有奇者，本来有圣人出生前，凤凰才出现，而这时却有凤凰在皇宫西面的御花园中出现，然后向西南飞去。有一些百姓看见过；后来有百十人看见过；后来传说更甚，说全国人都亲眼看见过。只有呆子才说没看见呢。

武后现在既不能，也不愿深拂民望，也不好逆天而行。在九月七日，她在一番谦逊之后，在国人劝进的表章上批了一个“可”字。

九月九日，圣旨颁布下去。由此日起，唐室废却，新朝代名曰周。年号改为天授。武后御前殿，圣旨宣读毕，诏告大赦天下（来俊臣每在大赦之前，便先将重要囚犯杀害，武后认为他精明心细，极为赏识）。

唐代佛像

石雕　唐代

在明堂修行的僧人撰《大云经》，指武则天是为当今圣母，实为净光天女下凡转世，当代唐为天下主。武则天下令将此经颁行天下，更令各州设大云寺，以宗教的面目为自己大造改朝的舆论。

在九月十二日，按照预定日程，改称圣神皇帝。如此称呼，可谓狂妄已极。圣神皇帝比圣母神皇又尊崇多多了。武后总算野心获逞，现在不再是皇后，而是女皇帝了，而且已经是神了，岂止女皇呢。皇子旦，原来的李姓已成污秽卑贱的字眼儿，现在蒙武后天恩，赐姓武。

在九月十三日，唐室王公的爵位完全削除。武承嗣、武三思兄弟皆封王，堂兄弟封郡王，武后姊妹封公主，堂姊妹封郡主。当日，武后在洛阳正式立七庙，将武氏祖先神牌自长安移至洛阳新庙。武后上五代祖先已经在武后光宅元年追尊为王，如今上七代一律追尊为帝或后，依照皇室礼仪祭祀。唐室太庙现在降而为享德庙，武氏七庙称太庙。唐室七庙之中四庙废却，只许最近三代祖先得按季节奉祭。

改朝换代的大业已经完成，所谓逆臣叛逆都已诛杀净尽。这位最伟大的叛逆者已经成功。武后该多么痛快地笑啊！

但是在那一连串隆重庄严的庆典之中，有一个伟人，比谁都伟大的人物——狄仁杰，却静坐不动声色，在那里严密观察。狄仁杰是大名鼎鼎的审案如神的大理丞，他的名声在民间是家喻户晓的，将来他要推翻武后，恢复大唐，现在正官居鸾台侍郎。他以明智之眼光，静观天下大势，知道时机未到。狄仁杰沉着冷静，不亚于武后。心中所虑，除莫逆之友数人知道外，绝未向他人吐露过。

第三十六章

请君入瓮种种

世事虽复杂万端，然自古至今似乎有一个万古不变之法存乎其间，乱必返乎治，变终返乎常，太平如日月星辰，虽然一时为云雾所蔽，终会否极泰来，得以复其常态。冥冥之中自有天理循环，恶有恶报，正义终得伸张于天下。现在大势推移，凶邪极盛之中，已伏渐衰之势，我当感谢太宗皇帝在天之灵。但我仍当感谢上苍，阴阳变化之理，自古善善恶恶，各有其报，分毫不爽，使天下宇宙之间，保持常态，不失均衡。诚如诗人所说，暴雨不终朝，痢疫终会自行消灭，专制残暴之君未有不玩火自焚的。

我并非在此推演宇宙真理，谈论天下大道，只是为记载天授元年以后，朝廷情势渐有转机，其原因亦颇耐人寻味。如酷吏周兴之辈先后死亡，又由于他们之间相互钩心斗角，正人君子往往死里逃生，得以保全性命。由此可见冥冥之中，必有主宰。当然我并非说霍王元轨和韩王元嘉诸老伯皆得善终。他们都未得善终，诚然不假。但是不少命定要恢复大唐天下的正人君子却逃过了此一浩大的劫难。

如今将有一连串的事件发生，每一事件各具有其特殊影响，结果引起一班杰出之士，促使形势发展演变，终于击败武后，使其图谋成就归于泡影。如武承嗣与来俊臣的阴谋诡计总是为正人君子如狄仁杰、魏玄同、徐有功等破坏。结果左右大局的不是来俊臣、索元礼、周兴等酷吏，而是狄仁杰、魏玄同、徐有功等贤良之臣。大臣的气节渐渐刚强，志同道合，相结一体，勇气已然恢复。一个御史台的大夫，甘冒一死，违抗武后旨意，不肯离京去外。一个平常的大理正宁愿辞官不做，不肯遵从武后命令诬陷无辜之人。更因武后与宠臣昼夜荒淫，刚直之臣咸引为奇耻，于是结为心腹，力图恢复大唐皇位。

强暴终有腐败之日，武后亦非例外。武后宠幸张易之、张昌宗兄弟，荒淫无度。武后虽然自命不凡，但也逃不出肉体凡胎的人生之道。她的放荡淫乱就是她的灭亡之道。这是自然之理。武后野心得遂，乃纵情享乐，而酷吏特务头子因嫉妒而倾轧，于是自相残杀，卑鄙的小政客如武承嗣、来俊臣又在失和之后相争相斗，也不得善终。

正如冬至之时，天最短，阴最盛。可是就在天最短阴最盛之日，阳则渐升，天渐变长。自今日起，可以看见狄仁杰渐渐得势。狄仁杰老成深算，足智多谋，一身系唐室存亡，能遇大难而得以幸免，皇子旦亦能死中逃生，疯和尚冯小宝死得出人意料，武承嗣之失败，皇子哲之复位，来俊臣奇妙之结果，与最后武后居处控鹤府的变得不安，竟以武后之被幽而死了却此一大公案。以上等等都是小人势消，君子道长，唐室中兴的重大节目。

武后是个杰出的女人，这个无可否认。除去疯狂热衷于权力，极端自尊自大以外，头脑非常清楚，非常冷静，个性聪敏而坚强。在她生活里最后的十年，性格已渐见宽容，胸襟亦渐见开阔，但对政权仍把持过甚，不得不说是一桩遗憾。但是她已停止残杀，把以前用各种方法放逐的贤良之臣又都召回为官。虽然武承嗣与来俊臣时时图逞阴谋诡计，武后并未使大权旁落。武后如果不图谋篡唐自立，本可以成为一个有道之主，比历史上若干帝王都好。她的新朝代刚一建立，立刻把以前用的像索元礼、周兴、来俊臣等残害忠良残害百姓的酷吏，因为目的已然达到，完全弃置不用，把以前私心敬慕而不得不放逐的贤良之臣召回朝廷，给予重用。武后之从容镇静，老成练达，虽然难以洗涤其残忍毒狠之罪，却也使人敬佩。

在辅佐武后窃夺政权且已获得赏赐的一般小政客之中，除去武承嗣之外，几乎没有一个活到一年的。即以傅游艺而论，当初领导关中父老奏请武后废唐兴周，因而屡次升官，终于飞黄腾达，但在武后成功一年之后，即因贪污不法被杀。那一时期死亡的那些人里，以酷吏周兴之死最令人心称快。

在武后的三个刽子手之中，索元礼已死。索元礼以刑逼犯人被控，当时被交与有司审问。现在情形大不同，索元礼不是像以前向别人逼供，而是自己受人逼供了，而且是用他自己那套得意的方法。他不肯服罪，当时的大理正就是他的故友。这位故友说："好，我派人把你自己发明的夹碎犯人脑袋的铁帽子拿进来吧。"索元礼一想自己的脑袋恐怕要在铁帽子中夹碎，会从铁帽子之中流出了口供，于是立刻服罪，死于狱中。

周兴之死也是大同小异，只是更觉别致有趣。"请君入瓮"这个典故就是由周兴之死流传下来的。这也算毒攻毒，黑吃黑。当时来俊臣野心勃勃，对周兴之权位非常嫉恨，向御史台密告，说周兴在一个案子里株连大将军丘神，丘神因而被杀。来俊臣已陛见武后，曾获武后密旨亲去审问周兴。周兴已无法逃出来俊臣的手心。

那天，来、周两位朋友正一同饮酒。周兴还不知道自己已然受了别人的密告。在武后周朝刚一开国，他因功刚刚官封尚书省左仆射之职。

来俊臣说："我有一个案子，很不容易办。我不管用什么方法，犯人总不肯招供。那个人太倔强。我真不知道怎么是好。"

周兴得意洋洋地说："说什么没办法。若照我的办法，把犯人放在一个大瓮里，四周围点上火烤，我敢跟你打赌，一烤到难于忍耐之时，他一定求饶。那时，你要什么口供他也会招的。"

来俊臣的眼睛光棱照射出来，他说："这倒是个好办法！犯人现在就关在这所房子里呢，咱们试试吧。"

下人抬进来了一个大瓮，在四周围点上了火。

来俊臣问："你看烧得可以了吧？若可以，就把犯人带来吧。"

"我想可以了。"

来俊臣脸上陡然变色。从袖子里掏出武后令他拘捕这位政敌的圣旨，向周兴说："那么请君入瓮吧。"

周兴的脸蓦然变得煞白，浑身颤抖，跪在地上，磕头求饶。他在供词上签了名，供词呈递给武后。武后（现在按官称应当叫皇帝了）心念周兴过去曾立过功劳，特予体恤，只流放南方，并未杀害。在路上为以前被他诬杀的那些忠良之臣的亲友截住，拿自己的性命还了一份血债。

周兴一死，那些胸无点墨的，也曾胡作非为显赫一时的大理正一群乱党，终于解体了。只有来俊臣还未动。他与武承嗣结为心腹，受其指使，仍思兴风作浪，但是武承嗣的阴谋诡计，在武后的排山倒海的巨浪之下，也不过像一小股逆流的涟漪细波而已。

在武承嗣的卵翼之下，来俊臣现在是一个最可怕的人物。因为武后的目的虽然已经达到，她侄儿武承嗣的却还没有，现在皇子旦已被武后立为皇嗣。她虽然不再需要一群刽子手般的大理正，武承嗣还需要。武承嗣以为身为武后的父亲武士彟的长孙，按理当为新朝的太子，将来继承皇位，以武家而言，理当如此。但是他愚蠢而骄傲，轻举妄动，处处惹人厌恶，招人鄙视。借着来俊臣的帮助，他仍然能罗织一些曾经反对过他的高级官员，将一些正直不阿之士置诸死地。最后，他的目光转向一代巨人狄仁杰的身上，他指使来俊臣去下毒手。

第三十七章
狄仁杰与魏元忠

狄仁杰不死于武后之乱，进而官升高位，掌握权柄，这就是天不灭唐了。狄仁杰为官以来，始终爱民如子，不惧权要，在武后残杀雷厉风行之时，他终于能运用智谋，免于灾祸。这就是因为他足智多谋，善于自处，何时当言，何时不当言，他拿得极有分寸。因为他本人精通法律，发言能善择时机，能一针见血。不言则已，言则必中。

武后所作所为当然违法越理。狄仁杰当然是忠于唐室，深不以武后为然。对于武氏诸侄平步青云作威作福，只好三缄其口，暂时观望。如同武后图谋大业时一样，狄仁杰也深知他需要忍耐，需要计划，需要时机。他知道，要重兴唐室，要消灭新周乱党，他需要一批胆大心细干练有为之士，并且使他们官居要津实权在手。此外，仍须改变政治气氛，要使纲常振作一新。狄仁杰这位精忠谋国的非凡人物，为大理丞审理案件已是明察秋毫，现在对武后也是了解透彻，洞烛机微。他的冷静，他的耐性，他的智慧，他的眼光，都不弱于武后，他正是武后的克星。他自己也知道，武后现在是遇见敌手了。他这番功业之艰巨，自不待言，就如同扭转乾坤一样。要在残忍诡诈的暴君如武则天之前重兴唐室，谈何容易。

狄仁杰并不孤单，他与张柬之等人相知很深，全系志同道合。数年以前，高宗驾崩不久，诸王公多遭幽禁之时，张柬之正为荆州刺史。柬之与友人荆州长史杨元琰相识。曾于黑夜之中泛舟于江心，二人密谈一番，因为船在江中，不怕有人听见。谈到武后幽禁唐室王公，二人目眦欲裂。在朦胧的月光之下，二人挥涕盟誓说，有朝一日机会到来，要诛除乱逆，恢复大唐。这种功业真是拔山扛鼎，岂比等闲。后来政局日坏一日，恐怖残杀如火如荼，如九秋霜气，草木沾之，无不枯萎凋谢，直至唐室岌岌危殆，终而倾覆灭亡，武后以太宗儿媳之身，竟获登皇位。张杨二人都噤若寒蝉，但在内心之中，当年誓言，从未忘记。

狄仁杰现在六十余岁。二十年前，在高宗朝中为官，那时已经官为大理寺卿。狄仁杰在后代的心目中，他究竟是一位断案如神的法官呢，还是恢复大唐天下的中兴名臣呢？颇成问题。在民间，通常把他看做一个铁面无私摘奸除恶的法官。他官为大理寺卿之时，常常微服私访，多少多年难办的旧案件，都遇见他获得解决。人们都相信他判清了一万七千个旧案件，把很多清白无辜的人释放还家。这也许言过其实，但是他的才干与名望，是毫无疑问的。他也曾判错过案子，使清白的人蒙过冤。但是他拯救的人太多了，尤其难得的是他能查获罪犯，把他们判罪下狱。他处处有善政，受他恩惠的百姓极多，所以每离一地，当地的百姓就给他立碑存念。因此他的名字就成了稗官野史里传闻熟见的了。

他恨佛教，恨奢侈富有的和尚各处做佛事而不肯周济穷人。他头脑惯于析别理性，对一切迷信全都厌恶。有一次，他官为冬官侍郎，持节江南巡抚，吴楚俗多淫祠，他下令关闭了一千七百所。

他曾官居甘肃宁州刺史，做过工部侍郎及尚书省左仆射，可谓宦海浮沉，小官也做过几处县令。不论官职大小，到处皆有政绩。有一次，越王起兵作乱失败之后，他奉旨到汝南就地查办，那时他正为尚书省左仆射。当时有六七百人株连在监，静等审判。他深知民情。大多数黎民百姓都是被迫在诸王军中服役的。他不依宰相张光辅的意思将监禁的百姓处死，反而怒斥他不当杀戮降卒，以邀战功。

狄仁杰怒斥张光辅道："降卒尸体满沟渠，恶气四溢。我若手有尚方剑，先斩汝首，虽死无憾。难道你想驱民造反吗？"

张光辅以狄仁杰出言不逊，奏与武后，狄仁杰遂被贬谪，左迁幽州刺史。

现在狄仁杰又被召回朝廷为官。一天，上朝之时，武后对狄仁杰说："你在汝南有善政，但有人谮害于你。你愿知道他的姓名不？"

狄仁杰回奏说："臣不愿知道。请陛下不必相告。臣若犯罪，甘愿受罚。若不曾犯罪，陛下一定明白，如此，于愿已足。害我者一定是一个朋友无疑。"

狄仁杰的机智诙谐，武后私心极为赞赏。

现在狄仁杰官居户部待郎同凤阁鸾台平章事，参与朝政。时武承嗣正赫赫一时，踌躇满志。有五六个大臣曾因为阻止立他为皇嗣，刚刚被他杀害（见谋杀表三：30—33）。狄仁杰现在正踏入了这种危险

地步。狄仁杰现在升到如此高位，正如攀登梯子到了梯顶，再一步就是跌落，就是死亡。

在武后长寿元年正月，武承嗣以狄仁杰谋反罪为辞，将他逮捕下狱，另外有四五个大臣。

狄仁杰曾任大理寺卿，为一大名鼎鼎之法官，如今必须运用智谋，把肃政台的魁凶来俊臣击败才行。来俊臣已经认识他，对他的名望已很熟悉，现在注视这位大法官将何以自处呢。狄仁杰竟出以非常之举，他立刻服了罪。论法律，狄仁杰比谁知道的都清楚。因为法律中有一项条款，只要立刻服罪，不但免除苦刑，判决的死刑也还可以改判。

狄仁杰说："我自认有罪。大周奉天承运，革命肇兴。我乃唐臣，谋反属实，甘愿受死。"

来俊臣大喜。另外几位被控谋反的大臣都和狄仁杰一样，全都立即服罪，只有魏元忠不肯服罪。来俊臣心情极为愉快，遂不下令用酷刑，只将被告等收监。

这样，狄仁杰算争取了时间。他须要运用才智机谋才能自救。他给儿子写了一封信，嘱咐他向武后驾前陈情，狄仁杰要亲自面见武后。他将信写好，藏在棉衣之内，说服一个狱卒将棉衣送回家去。棉衣送到家以后，仁杰之子觉得当时正在冬季，把棉衣送回，其中必有蹊跷。心想棉衣之内必有密函，于是剪开棉

韩熙载夜宴图

绘画　顾闳中　五代

北京故宫博物院藏

本画绘写南唐巨官韩熙载为避免南唐后主李煜的猜疑，以声色为韬晦之所，每每夜宴宏开，与宾客纵情嬉游。武则天当权的几十年里，对真正的人才亦能赏识，对直言敢谏的臣民亦能宽容。像狄仁杰这样，一些忠于李唐的官员善于自处，不死于武后之乱，正等待机会恢复唐室。

衣的里子，果然找到那封信。他立即设法把信送呈武后。

正好时机凑巧，一个九岁的孩子救了狄仁杰的性命。这个孩子是黄门侍郎乐思晦之子（乐思晦见谋杀表三：32）。乐思晦是三个月以前处死的。思晦之子已交工部为奴，极其聪慧，于是入宫告变。武后一见他生得聪明伶俐，问他是谁。孩子回答之后，说有话启奏。

武后问道："有什么话要说。你父亲经过正当审判，确系犯罪。他罪有应得，死得并不冤枉。"

孩子回答说："不是这样。谁都怕来俊臣的酷刑。谁在他的酷刑之下也会招供的。先父确是冤枉。"

"是吗？"

孩子又接着说："陛下若不信，可以把陛下最信任的人交给来俊臣，问他叛国之罪，来俊臣也会得到供词的。"

武后听了心里一动。所以狄仁杰的信来到时，她立即有心要看，她想弄个清楚，到底怎么回事，何况她早就敬慕狄仁杰呢。于是召来俊臣上殿面奏。

武后问他："我听说你常滥用刑具。狄仁杰和魏元忠他们的案子情形怎么样？"

来俊臣回奏道："回陛下，犯人都自愿服罪，在狱里都很舒适。在狱里也允许他们穿袍子戴帽子呢。"

"他们都服罪了吗？"

"除去魏元忠都服罪了。"

"他们都是忠良之臣。再审一次，要公正办理。"

武后不愿信来俊臣的话，特派了一个使者到肃政台的监狱去察看。使者一通报要去看，来俊臣立刻教人去拿了狄仁杰的衣帽，使一个与狄仁杰身材高矮相仿的人穿戴上，这样存心不使狄仁杰见着武后的使者，免得他俩交谈。到时，来俊臣自己出来，在走廊下面向西立着，假扮狄仁杰的那人在来俊臣的身旁。武后的使者向东而立，太阳光正好照着他的眼睛，让他无法看清楚。使者早已知道来俊臣的名声，心中害怕，连直视都不敢。他回宫奏与武后说，他亲眼看见了狄仁杰，狄仁杰的身体很好，显然是很受优待。

来俊臣觉察出来事情出了毛病，连忙把犯人的“谢死表”呈与武后，借使武后相信犯人乐于就死。如此，一切转眼就可以完了。

武后越发怀疑，立刻把判处死刑的大臣们召入宫廷面询。大臣们到后，跪在武后面前，不承认犯罪。

“你们若没犯罪，为什么服罪呢？”

狄仁杰回奏道：“陛下，臣等若不服罪，早已活不到现在，今天哪还能见到陛下？”

“那么为什么都写了‘谢死表’呢？”

狄仁杰听了十分诧异，他回奏说：“臣并没有写。”另外那几个大臣也否认曾经写过。武后吩咐把“谢死表”取出，和各大臣核对一下笔迹。“谢死表”显然是伪造的了。

武后本想把这些大臣释放。但是武承嗣坚持，他说确实知道他们曾阴谋不轨。即使他们真不曾谋反，也都是危险小人，应当远谪。

武后说：“他们并没有犯什么案子啊。”那是武后长寿元年，这时武后觉得天下安定，皇位已经坐稳了。

武承嗣还想坚持。

武后说：“住嘴！我话已经说出，不能再改。”

现在武后和武承嗣之间起了冲突。武后的野心已然达到，武承嗣的可还没有。这几位大臣的性命虽然饶了，但都远谪出京，降职为县令，也算多少合了武承嗣心愿。按理说，来俊臣理应获有重罪，但是他在武承嗣的卵翼之下，这次并未因罪去职。

狄仁杰这次死里逃生，不但是他个人之福，也是武后迫害大臣与肃政台审问大臣的最后一次。这是最后的一个案子。一则武后对来俊臣已失去信心，二则武后地位已经巩固，无须再用恐怖慑服人心。在当年六月与七月里，大臣李敬则、严善思、徐俭、周益猷等先后上书武后，奏请恢复常法，大理寺卿及大理正之官绩当予考核，不肖之辈当予斥除，死刑亦当如太宗时代一样，一律须经复审，并准上诉于法定官衙，八品大理正不得就地将犯人处死。即从治道上讲，新朝亦当广收民心，当以仁爱治天下，以往遭朝廷诛杀者，大都被诬冤死，实皆清白无辜。就是在本年（长寿元年）七月，周益猷写了一篇有名的奏折，描绘酷刑之可怖（酷刑见本书第二十九章），并称忠良之臣，遗尸遍野，将堆积而超越皇帝宝座之上矣。

与狄仁杰同时被捕也同时得以死里逃生的，有一个魏元忠，前面业已提及。魏元忠也是一个豪杰之士，行事瑰异奇特，在本节故事中，影响甚为重要。魏元忠为人笃实刚强，不惧权要。被捕之后，坚不服罪，幸赖狄仁杰妙计，得以免于危难。元忠人缘极佳，在与武后宠幸的群小冲突之下，他的官职忽而升，忽而降，忽而降，忽而升，可谓历尽宦海浮沉之极致。在武后失败后被幽禁期中，他官拜中书令，参与国家枢机，政声极美。

魏元忠这个奇人曾经四度险些被处死刑或流配边远之地，却四度由于机缘凑巧，得以逢凶化吉。一次，即将处刑之时，忽然赦旨到临，可谓死里逃生。还有一次，纯粹靠他的辩才急智，把审案的御史中丞当厅驳得无言可对。

在武后杀害大臣的恐怖声中，一次，他已经被判死刑，已经捆绑起来，正和四五个大臣一同在刑场中跪着。这时武后的特使自宫中拿着赦令来了，斩首的执行于是中止。另外那几个大臣当时一惊非小，魏元忠却无动于衷。武后的特使两手举着赦令渐渐走近，行将就戮的大臣都被松开了缚，几个大臣站了起来。魏元忠却跪着不起。他说：“先把圣旨念一遍。我还没听见。”圣旨又念了一遍，魏元忠才缓缓立起，从容镇静，舒了一口气，脸上却丝毫不动声色。

另一次，左台御史侯思止审问他。侯思止本系一贪婪无赖，目不识丁。这时，魏元忠头上肩上都有重枷夹着，侯思止过来拉着他的腿在地上拖。魏元忠觉得好笑——以名儒大臣之尊而被一个目不识丁的无赖在地上拖！他于是表示有话要说，这位御史心想魏元忠是要招供了。

侯思止大声叱道："你有什么话说？"

"我觉得很不幸，好像骑驴跌下，被驴在地上拖着走一样。"

侯思止大怒，用俚俗不文的话大骂起来。

魏元忠说："你不应当这么说话。"

侯思止说："为什么？"

魏元忠说："你的口音太土，字句卑俗不堪！你根本没有念过书。现在你官为御史，你言谈应当像个御史才是。你若努力求学，每天用点功夫，不是不行。你若虚心向学，我若不教你，谁肯教你！以这么个不学无术之辈，竟能跟我魏元忠说话，算你有福气！"

这位目不识丁的御史大受感动。就好像乡下人尊重读书人一样，他也对读书的非常尊重。他知道他审的犯人是魏元忠，这才走过来为魏元忠松开缚，让他坐。魏元忠开始改正他的字音。魏元忠就被释放了。

上天把恢复大唐天下的重任都是拣选的像魏元忠这类人来担的。狄仁杰的老成深算，魏元忠的刚正不屈，徐有功的忠贞，宋璟的勇敢，张柬之的领导才干，汇合成一股浩然正气。这股浩然正气终于制伏了武后的邪恶之气，推翻了武后的统治。

第三十八章 仍然是接班人的麻烦

武承嗣所以要逮捕狄仁杰并予以审判处死，他是要借着来俊臣的帮助，想把反对他的人一齐消灭。他失败了。结果来俊臣在武后眼里信用扫地，他那套肆无忌惮的做法，被狄仁杰揭破了，或者应当说是被黄门侍郎乐思晦的九岁儿子揭破了。不过武承嗣决不罢手。这一次，他与来俊臣算是做得太过火了。

武承嗣这个野心勃勃片刻难安的小人，现在觉得是受了冷落。姑母已然做了皇帝，他自己觉得功劳不小，可是他自己得了什么好处呢？这不是武姓的朝代吗？他不是武家的长子吗？不错，武姓诸侄都封了高官——武攸宁、武懿宗、武三思，还有其他等等，有的官居骁卫上将，卫戍京畿，有的封公拜相，都超权越职，威赫一时。

皇嗣一时悬而未决者数年，武后似乎并不着急。武承嗣自知为了影响武后，他曾杀害几位大臣（如乐思晦、岑长倩等），在朝中极不得人望，为设法使自己立为皇嗣，他曾经费尽了心血。按国法上说，皇子旦现在是“皇嗣”，皇嗣怎么讲先不用说。只要皇子旦的地位不变，武承嗣将来便没有把握，也没有希望做皇帝。真是此可忍，孰不可忍！无论怎么看，他想宝座按理应当属他才对。不然创建这个武姓的朝代干什么？他引诱来俊臣帮助他。来俊臣也是狼子野心，想望将来有朝一日武承嗣身登大宝，他自己好做当朝一品的宰相呢。武后不能老活着哇。

在武后长寿二年，皇子旦先是遭受猜疑，随之遭受迫害。最初，两个低级官员私自去见皇子旦，皆被处死。那时，我们仍禁锢在东宫里，在严密看管之下。有人私下去见皇子旦，就表示皇子旦在谋划重登皇位之意。为要打击皇子旦，要把这件事特别渲染一下，就把私自谒见皇子旦的尚方监裴匪躬和另外一位官员腰斩于市（这种非常之刑本是久已废弃不用了的）。

迫害越逼越近。继之发生的，武承嗣的目光又注意到我的姑母，皇子旦的窦妃、刘妃身上。祖母武后有个心爱的使女端儿，受了武承嗣的引诱，向武后诬告，说窦刘二妃在背后口出怨言，她说曾亲自听见她俩咒骂过武后。此事过后不久，窦刘二妃陪伴武后往嘉猷殿。武后回来了，二妃却一去不返！事后毫无线索。她俩是遭受谋杀，尸体被消灭了。皇子旦一惊非小，这是在腰斩私下谒见他的那两位官员之后发生的。他明白是武承嗣算计上他了。

在晚饭时，武后看了他几眼。就在窦刘二妃失踪的那天晚上武后要他同进晚餐，确是古怪，大概是要看一看他是否敢像皇子弘当年那么对武后反抗，那么出言不敬。可是皇子旦仍然是一副恭顺的孝子的样子，什么也没说，只是吃饭而已。自然了，两个尸体也没有去寻找，也没有举行什么丧葬的仪礼。被谋杀的那位窦妃并非别人，正是如今在位的明皇之母，他当时也不过六七岁。后来，这位幼子长大做了皇帝，他想追赠母亲身后哀荣，于是寻找遗骸，以便与其父举行合葬。结果是找不着，连刘妃的也没有。只好以皇后的衣冠放入空棺埋葬了事。

把私谒皇子旦的二臣处以腰斩与窦刘二妃的失踪，两桩事发生并不出两个月。这种阴谋之发动，完全是要陷皇子旦于心想谋反重掌政权的绝境。来俊臣与武承嗣并未得武后命令，擅自来到东宫审问我们的仆役。他们的目的就是要想使仆役证明皇子旦确曾与被腰斩的两位大臣阴谋造反。皇子旦和两位大臣谈论些什么事情？他们听见没听见皇子旦与两位大臣谈话？裴匪躬没说要在宫内起事吗？皇子旦没答应吗？窦刘二妃没有和他们窃窃私语吗？武承嗣与来俊臣在东宫里这样审问，因为他们辖制整个皇宫内院。我们是他治下的囚犯，他愿把我们怎么样就怎么样。

一般常用的刑具都摆设出来，开始用鞭子抽打，用醋往几个婢女的鼻子里灌——这是来俊臣审问开始以前惯用的刑法。他们用这种刑法离皇宫西部祖母居住的地方，也不过三百步，顶多也不过四百步。哦，还有，窦刘二妃干什么了？她俩没和裴匪躬们一起窃窃私语吗？仆婢们应当知道，他们若不吐露真情，该当与阴谋不轨者同罪。二妃既然失踪了，做有利于她俩的证词或于她俩不利的证词都很方便。死的人既然不能说话了，活的人却可以随便说死的，在《罗织经》这部杰作上自然露不了这一个精要之点的。

仆役们、婢女与太监，都吓破了胆子，简直来俊臣要他们说什么他们立刻就会说的。

这时候，闹了一件意料不到的事。有一个人叫安金藏，并不是我们的仆人，也被传来受审问。他忽然大喊说："不行，你这么做不行！不能骗人！皇子旦一点儿罪也没有。"

他说完突然抽出一把刀，露出肚子，把肚子剖开，掏出肠子来。他这样以死力争。霎时间倒在血泊之中。

武承嗣的脸变得煞白。上刑与审问立刻中止，全屋内乱作一团。婢女吓得尖声吼叫，有的吓得跑出屋去。

有人跑去禀报武后，武后立刻来了，根本没想到就在她的宫里会有这种事情。武承嗣与来俊臣恭立一旁，羞惭满面。武后一边看着躺在血泊里的安金藏喘气，一边向武承嗣大骂。武后一向没有走过这么近看血，当时的情形的确可怕。武承嗣与来俊臣潜藏起来，武后问使女事情发生的经过。御医已然到了。武后命令御医尽力施救，务必保住安金藏的性命。幸而安金藏还没断气，御医奉命不断施救，一定要他苏醒过来。用桑树皮纤维把那么大的伤口缝起来，用布包起来，用大量的烟囱里的黑炭擦在伤处，免得受感染，然后把他抬到床上去。

武后似乎特别受这件事情感动。第二天早晨又问安金藏的病况。安金藏一直睡了一夜，失血太多，受刺激过甚，身体弱得厉害。万幸的是他并没有发烧，大概还能活，只是仍然半昏半醒。

下午，武后又去探望，知道安金藏已经能说几句话。

武后说："多谢你，金藏。我自己的儿子我都不了解，你竟肯不顾性命救他。"

安金藏很受优遇，伤好了之后，武后厚加赏赐，才送出宫去，离开了武后，也离开了皇子旦。

这件事使武后深深受了感动，如果她生平忏悔过，那就是这一次。一连几天，她没和武承嗣说一句话。武承嗣平常所做的蠢事，因而失去武后的欢心，都类似这个。现在武后算深信儿子并未曾阴谋不轨。

来俊臣和武承嗣这次又弄得失策。武后这才首次免了来俊臣御史中丞的官职，贬往外省去。这件事就是来俊臣失宠之始，也一定对武承嗣颇为不利。武后的政治计划，她个人的情感，母子的关系，都交织在一处。她对皇子旦和皇子哲的母爱现在还没苏醒，她不肯把皇子哲召回便是明证。不过她的母爱的火焰在心里总还有点儿星星之火，大概要等着狄仁杰来点燃吧。

第三十九章 无可奈何的情人

武后自己妄言是弥勒佛再世，又谬称自己是周武王的后裔，这样，把迷信与古典混而为一，闹得紧锣密鼓，乌烟瘴气，竟而开创朝代，野心终于实现了。她采用周朝历法，兴建明堂，都是为要表示于古有征，借以取悦百姓。就如赶庙唱戏，虽然不真实有用，却也轻松热闹，足可以创造一种新奇畅快的气氛。她利用佛教的种种仪式玩几套把戏，却也显得辉煌壮观，不过结果是在一把通天大火之中，烧得干干净净。在这一场戏里，武后的情人大和尚冯小宝倒不愧一个丑角，在历代皇后的情郎之中，可算是耗费国帑为数最大的了。

大和尚冯小宝是疯狂的，确是不假。他想入非非，迷恋庞大灿烂。而武后也犯有这个毛病，结果自然是一切都堂皇壮观。在武后天授元年，武后又创造了十二个作为“天”、“地”、“风”、“君”、“民”等解释的新字。又给自己的名字创了个新字，上为“明”字，下为“空”字，意思与“照”相同。表示日月向下面的空处宇宙照耀。她是以这样高高在上向下面空处照耀自比的。可是如此太不妥当，因为天下没有女人以其下面庞大之“空处”来号召的。她幸而不知道在茶馆酒肆传遍的淫秽的笑话——谁去填这个巨大的空处呢？当然。一个和尚的秃头就成为一个最好不过的笑料了。

不过，武后在她的迷信之中的佛光普照之下，她相信她和大和尚携手并进之下，他们的成就就是无限的。大和尚曾督建过万象神宫，建过天堂，他也创造了《大云经》里伟大的神话——武后是弥勒佛转生。听来很轻松有趣。没有人对这种说法认真，也没有人真个有什么疑问。武后现在是力倡佛教，因为她自己就是一个佛。在武后天授二年，武后下旨，凡在行进的行列之中，和尚与尼姑必须排在道士之前。在次年四月，在广州河畔屠杀了三百妇女儿童以前，武后下了佛教中一条有名的禁令——禁止杀猪。

冯小宝，武承嗣，与武后的女儿太平公主现在想尽方法要证明武后是真佛。于是用很多很多形容佛的字加在武后的头衔上。武承嗣永远是领先奏请。有一次，他呈上两万六千人的签名，请武后在名字上加尊尚的头衔，大都是佛名上惯用的。武后最初是“圣母神皇”；后来开创新的朝代“周”以后，改称“圣神皇帝”；等到长寿二年，改称“金轮圣神皇帝”，那是正在万象神宫落成之时；在武后延载元年五月，又加尊号改称“越古金轮圣神皇帝’；就在同年十一月，又加尊号“慈氏越古金轮圣神皇帝”。武后对这些尊称是乐之不疲的。

武后对宗教的狂热一直持续到冯小宝对她移情别恋为止。冯小宝终于对武后厌腻了。武后虽然善于化妆，可是已届七十二岁高龄。弥勒佛的大肚子不像以前那么富有魔力了。大和尚冯小宝，现在又富又贵，躺在白马寺里，另有寻欢取乐的办法。武后屡次召他入宫，他都借口推辞不往。武后大怒，冯小宝实际上是胁迫武后任其为所欲为。冯小宝如今所作所为，武后都不清楚。冯小宝业已把数百身体强壮的男子剃度为僧，其中有打拳的，摔跤的，干的都是冯小宝以前干的行当儿。冯小宝把这些人养在庙里，住所极为精美，也都算是“和尚”。

武后无法制止这事。冯小宝是武后唯一惧怕的人。武后当时也另有了情人御医沈南璆。冯小宝闻说此事，怒不可遏，于是对武后越发傲慢无礼，有时勉强去看看武后而已。武后对他已失去了诱惑力。冯小宝了解武后，当然比谁都清楚。他把武后看成一个弃妇一样。冯小宝好像真个疯狂了，可是他也并不真疯，他知道他对武后沉默疏远，武后对他最毒的手段，也不过不再理他，任其自然罢了。

武后别无良策之下，令冯小宝为朔方道行军大总管，北击突厥。这样可以使他远离京都。这时冯小宝的权威一时无两，大臣之中无人可及。冯小宝可算贼星发旺，大军到时，突厥因内部倾轧失和，中止入侵，引兵而去。冯小宝立碑记“功”之后，凯旋回京。

现在新年到来了，由初一到十五一直是欢度佳节。照例，善男信女都进庙烧香。这时万象神宫开放，悬挂彩灯，灿烂辉煌。冯小宝已将“战功”奏与武后，并奏知武后他将大事庆祝。他满以为凯旋归来，武后必然对他大有升赏。哪知武后表示欣慰之外,别无动静。

冯小宝于是进行庆祝战功。画在布上的二十丈高的大佛像，悬挂在宫门之外。在上元佳节，各处悬灯结彩，真是万人空巷，人山人海。在皇宫前万头攒动，冯小宝吩咐向观众扔钱布施。

大和尚薛怀义满以为武后会照往年前来观看。他曾特为武后准备一项节目，将武后看做一个活佛，以示尊崇之意。他曾向人说武后要驾临观看，大家要等待武后光临。他想武后一来，他脸上特别光彩，因此可以显示他并非已然失宠。他一等再等，武后竟尔没来，原来正和新情人沈南璆在一处欢乐呢！冯小宝怒火难消，决心报复。

当天夜里，一时老羞成怒，向那座耗费国家无数金钱兴建的天堂放了一把火。天堂里的大佛大概有两百五十尺高，里面用麻外面用石灰做成的，遇火燃烧起来，真像一个万丈金神，全庙都在一团火中，火焰冲天，火星四窜。大火在北风助威之下，烧着了前面的万象神宫。万象神宫转眼之间也成了一片火海。皇宫前的天津桥一带照耀得如同白昼。在那两座大殿之上火势熊熊，真是辉煌壮观，各处看灯的游人都在远处观看，火势有四五百尺高。这时那二十来丈高的大佛像已撕成片片破布，火星飞蹿过去，也着了起来。看火的观众大吼道："佛的鼻子着火了！"火把佛的大鼻子一块一块烧完，群众看得好不痛快。油漆与血燃烧的气味与宫殿燃烧的气味混合在一起。有的火花竟飞窜到北市那么远。天空中高达一里的红光在全城都可看见。

次日清晨，巨大的木材与硬木雕饰的火还没熄灭，有的地方仍在冒烟，有的地方发着碎裂声，仍然烧着。只有殿顶上镀金的铁凤凰还在，但是熏得焦黑，扭曲着弯在一边，看来非常古怪。

这是正月十五灯节夜里一场有名的大火。薛怀义这个大和尚是借此警告武后对他用情不专的。在他的疯狂的幻想之中，这场通天大火就像一个红色的鬼怪，看来也颇为悦目，令人十分舒畅。

武后是不是要惩治他呢？冯小宝知道武后不敢。这事情发生之后，武后觉得很丢脸，但又无策可施。她知道这是谁放的火，也知道为的是什么。她对朝臣说，只是因为工人疏忽，一堆麻引起了火。她下令要重新建筑这座明堂（最初是叫万象神宫的）。还用冯小宝来督修。武后虽然觉得很难为情，但是仍然不愿开罪这位大方丈。她知道自己诸事慎重，万一一时小有不忍，招恼了冯小宝，冯小宝一打定主意要各处散布武后淫秽的事迹，那时岂不反为不美。

武后现在深恨跟这种粗人，这种流氓，这种骗子纠缠在一起。引用法律审问他当然不行，那未免贻笑四方。若是在大庭广众之下审问这个疯和尚，当场什么事都会闹出来，众人一定会侧耳谛听那种猥亵的故事。她的淫行丑事岂不要传遍全国。结果还是自己吃亏。也许会像郝象贤在刑场上描绘武后的淫行丑事一样（见三十一章）。何况冯小宝比郝象贤知道的更多；他若把一切的丑事和盘托出，武则天就成了古往今来的第一个淫妇了。冯小宝既受审问，也不能用东西堵他的嘴，还是索性杀害他省事。

侍御史周矩上本弹劾冯小宝。说冯小宝擅自招募一千壮汉匪类，藏在白马寺里，伪装僧人，实系阴谋不轨。周矩请武后将冯小宝这位大方丈移交法办。武后不愿认真。

武后说："我看不必。"武后好似有所顾虑。

周矩回奏说："臣深信薛大方丈必有异谋。臣有很多事要问他。"周矩颇为坚持。

武后想了想说："好吧。你下去。我立刻派他到你

捣练图（局部）
绘画　张萱　唐代
美国波士顿博物馆藏
《捣练图》是唐代画家张萱之作，亦系宋徽宗摹本，描绘了唐代城市妇女在捣练、络线、熨平、缝制劳动操作时的情景。

那里去。”

周矩只好回去，不信武后会派薛怀义去。他回去不久，真出他意料，大方丈也到了。大方丈把马拴在门外，昂然阔步走进了这位侍御史周矩的官衙办公厅。这位粗壮的大和尚一坐就坐在一条长椅子上，两只脚也放在椅子上，哈哈大笑了一阵。

周矩叫冯小宝过去受审问。这个大方丈忽然从长椅子上一跃而起，大踏步走出屋去，骑上马走了。

冯小宝这样无礼，周矩奏知武后。八成是武后教给冯小宝故作疯痴的。

武后对周矩说：“大和尚是疯了。这样个疯子不值得去惩治。白马寺里那些别的案子你去办好了，你看怎么处理好就怎么处理吧。”

周矩别无他法，只好照办。他审问了其余那些和尚，都发配到远方去了。

太平公主一向对什么事情都清楚，现在来见武后。她和武后一样担心，恐怕弄出笑话，丑事外扬，自己也纠缠在内。她自己也特别淫荡，十六岁时喜欢着男装。

太平公主向武后说：“怎么您让那个秃脑袋在京里这么胡闹呢？得赶紧制止才好，这样闹下去怎么成？”

武后苦笑了一下，说：“事情不简单。我有什么办法呢？”

太平公主说：“交给我吧。我对付他好了。这种事情谁能忍耐！”

武后心里明白：“好，可要小心。”

太平公主令人给冯小宝去送信，说武后为重建明堂，有事跟他商量。随后找了二十几个健壮的妇人，都拿着绳子、杠子、扫帚把，告诉了她们怎么行事。时间到了，她和那些健妇一同到瑶光殿，瑶光殿是冯小宝去见武后必经之路。太平公主同时告诉武攸宁在羽林军中选一些卫士隐藏起来，预备行动。

一切安排妥当，太平公主站在走廊之下等候冯小宝。冯小宝通常都带着仆从骑马而来。在白马寺的那些和尚被放逐之后，现在又接到太平公主的这封信,冯小宝这位大方丈有点犹疑。后来,他想起武后设法使他免受审问,武后告诉侍御史周矩放了他,新近这样救了他。于是他小心翼翼地进了皇宫的北门,向四周围探望了一下。在宫门和宫里的住宅之间有一座御花园。绕过一个池塘,他走到了宫中住宅的背后,在池塘与住宅当中有一段回廊。他又留心向左右前后打量,没有别的,只有平日的一些宫女。太平公主站在走廊之下,向他微笑招呼。冯小宝下了马,把马拴在一棵树上。忽然间,好多健妇窜出来,把好多绳索往他身上套,这样把他绊倒在地,就像一条鱼落在网里一样,随之,那些健妇用木杠和扫帚棒子往他身上乱打下来。冯小宝大声吼叫,他自己的仆从早跑光了。这时,卫士们也从隐蔽处跑出来,蜂拥而上。太平公主下令当场把冯小宝处死,尸体送回白马寺烧化了事。

这件事做得干净利落,武后对太平公主非常称赞。真是有其母必有其女。

捣练图(局部)
绘画　张萱　唐代
美国波士顿博物馆藏
《捣练图》的人物形象逼真,反映出盛唐崇尚健康丰腴的审美情趣。

大和尚薛怀义这段插曲就这么结束了，这只在他火焚明堂的一个月之后。武后因为对冯小宝这位大和尚非常厌恶，对佛教也冷淡下来。冯小宝死了十三天之后，武后宣布把“慈氏”和“越古”从她那一长串尊号上删除。她仿佛一个在魔力下苏醒过来的人一样。

因为新情人沈南璆是个儒医，武后也崇拜起儒教来。就在那一年九月，改年号为“天册万岁”，次年正月又改为“万岁通天”。这因为在孔教之中“天”就是“神”。新明堂竣工之后，改称“通天宫”。

第四十章

万人空巷的判决

一出愚蠢非常而又热闹可笑的戏演完了。武后的私人生活虽然可非难之处很多，但她的统治现在已不那么残忍。那群目不识丁的御史中丞和残暴奸诈的刽子手的狐朋狗党，已经瓦解，恐怖政策已成过去。只有来俊臣仍然活着，已经失宠贬谪在外。自从诬陷皇子旦之后，武后对武承嗣就很厌恶，一看见他就发脾气。武承嗣粗俗卑陋，骄横而无知，谄媚而乏术，极为不得人望，武后梦想中大周朝代之临于破败，在这样一个武氏侄儿身上全显出来了。武后逐渐注意到另一个侄儿武三思。

武后现年七十三岁，仍然头脑清清楚楚，身体健康。她想起以前私心敬佩的那些大臣，现在都贬谪在外省各地。如正直无私的御史徐有功，忠诚坦率的魏元忠，精明干练的狄仁杰，都是六十多岁的人了。武后一向深知这些人的忠诚正直，只是在她自己一味淫乐放荡的那些年，将这些人都贬谪出京去了。现在和当初贬谪他们时一样果断坚决，她就要把他们重新召回朝廷来。

诚然，武后若不是野心太大，她本来可以成为一个伟大的皇后。由于任用酷吏如索元礼和来俊臣等小人，她显得凶暴残忍，显得不学无术，可是她心里清楚，她是利用他们做工具。她自己的所作所为，她明白得很。如果魔王能帮助她达成她的野心，她也会跟魔王联宗结盟的。她与和尚冯小宝闹粉红色事件，她以为她有帝王之尊，这算是她帝王的特权。她并不想改善朝政，只是一心想为非作恶。她身为女皇，淫荡邪恶，她的粉红色事件还会更多，要比疯和尚冯小宝的更多呢。她偏偏老而不死，为非作歹，日夜饮酒开宴，享帝王之尊荣，与武家之侄辈，与情夫，终日寻欢取乐——她之所望，正不过如此。至于朝廷，至于国家，她一向懒得费心，她已经这样统治了很多年。她只愿把老实恭顺的百姓交给正直贤良的臣子手中去治理，那就行了。还有什么别的呢？

徐有功业已召回，官居御史大夫。他为官清正，敢与武后力争，决不肯把皇子哲之妻窦妃判罪，后来窦妃终被武后暗中谋害。魏元忠像一株经过飓风而不摧折的大树，一共经过了三次，现在也回来了，官居御史中丞。

武后问魏元忠："你为什么老是遇见麻烦呢？"

魏元忠说："臣犹如一只鹿，来俊臣和周兴都想杀臣去做鹿羹。"

狄仁杰现在做幽州刺史，善抚百姓，民心归附，契丹入寇，闻之引去。在武后圣历元年，武后将狄仁杰召回朝中，官拜鸾台侍郎，参与枢要，为武后左右手。武后任用贤能，朝廷之中，仿佛漫漫黑夜已然过去，天色行将破晓。武后虽然知人善任，却没有看出来重用了狄仁杰正是她自己走向没落之始。大概她忘记狄仁杰受审时曾说过："仁杰为唐室忠臣，情愿受死。"

狄仁杰之出现，犹如一个巨大的彗星，后面带着一股灿烂的云彩，许多小的光亮都受他吸引而来。武后对狄仁杰是言听计从。狄仁杰鬚须下垂，声音悦耳，天赋雄辩之才，遇事能洞烛机要，言辞犀利明断。遇有他向武后举荐贤才，武后都欣然接受。由他举荐在朝居官者已有二三十人。姚崇是由他提升的，宋璟则已然在朝。政风为之一变。狄仁杰自己擢用贤能刚正之士。有人见狄仁杰亲手擢用那么多大臣，那些大臣都对他极其忠信，于是向狄仁杰备致赞美之辞。

狄仁杰回答说："如此乃国家之福，并非有利于仁杰个人。"

狄仁杰现在兼任了御史大夫的职务。杜景俭与徐有功（见第三十章）在来、索权倾一时之日，以廉洁知名于时，现在都官拜门下侍郎。在御史台中，徐有功与魏元忠为御史中丞，狄仁杰在上为御史大夫，武承嗣已不能像往日利用御史台残害贤良了。

徐有功为侍御史之后，他弹劾的第一个人就是万民痛恨万民恐惧的大刽子手来俊臣。来俊臣已然回来，只是官职卑微，不再是当年大权在握的御史中丞。小人向来以利而聚，以利而分。现在来俊臣与武承嗣的勾结已经瓦解，而且反目成仇。来俊臣并且威胁要弹劾武承嗣，这事情却是他自己吃亏，因为这里面要牵扯到太平公主。来俊臣一向野心勃勃，现在仍然企图要东山再起。他现在仍极富有，娇妻美妾很多，虽然为人厌恨，自己却越发非法妄为，肆无忌惮。武承嗣与太平公主所作所为，令人议论纷纷的何止千万。即举一端而论吧，武承嗣曾强夺人之爱妾，爱妾自杀身死，丈夫为此爱妾写了一首挽诗，这首诗就传诵人口。这种事就在茶馆酒肆里传来传去。来俊臣居然传播这种闲话，尤其这里还牵扯到太平公主，来俊臣可算极为失策。太平公主为人老成深算，不是好惹的。于是在暗中策动人控告来俊臣许多罪名——如逼供、受贿、枉法、夺人妻妾等。

朝中大臣无不反对武承嗣、来俊臣。在来俊臣受审之日，洛阳全城喜气洋洋。人人都等待把来俊臣处死，食其肉而寝其皮。来俊臣杀过千百个清白无辜的人，把几千人家弄得家破人亡，真是万人痛恨。他犯的罪那样大，这次被人控告的几桩罪，徐有功和另外几位御史自然不难判了。

判决书呈与武后批准。武后把判决书放在桌子上三天没有批。外面千千万万的人等待着非常紧张，随时要急切知道来俊臣是否处死，在何时处死。武后侍卫之中有纪某，以前几乎为来俊臣所害，这一天为武后在御花园中驾车而行。

纪某说："陛下为何还没把来俊臣的判决书批准？全城的百姓都等着听消息呢。"

武后说："他对朝廷功劳不小，我还没拿定主意怎么办。"

纪某说："来俊臣罪恶如山，他手下的冤鬼真是满坑满谷。全朝的官员都非常兴奋，都盼望陛下批准呢。"

现在来俊臣口中堵着木球，在被押赴刑场的途中。洛阳万人空巷，争看这个最后的大刽子手的处死。他的头刚一落地，群众欢声雷动，蜂拥而前，势如疯狂，不可抑制。群众要看一看，要仔细看一看这个人人闻名丧胆的刽子手，吓得千万人家通宵不眠的刽子手。这时好像人的兽性一发不可止了。群众好像要亲自用牙咬他的肉。可真难得这么个好机会。群众争着过去抢尸体。万众齐上争抢这个战利品，真是千古奇观，尸体在东抢西拉之下，把四肢揪得东零西散，被群众脚踢脚踏，一直到最后成了一些烂骨肉泥。有的人剜着了一只眼睛，有人落得了一个手腕。群众也忘了为什么，后来在厌恶之下又扔在地下。

那天晚上，洛阳的居民在家里说："而今可以安心睡觉了。"

这时武后才明白老百姓把她的这个杀人工具恨到什么程度。于是她又做了个姿态，下令把来俊臣全家灭门，以息民愤。结果，来俊臣是凶手，武后是执法如山的皇帝。

第四十一章

用贤之患

来俊臣伏诛后，朝廷平静无事。武后觉得情形异于往日，颇为纳闷。一天，她问宋璟为何近来不闻有谋反的阴谋。武承嗣暂时消停下来，朝中的官员才得松一口气。以前来俊臣当权期间，官员早晨上朝去时，总要向妻子说："今晨一别，不知还能否再见。"那时，高级官员在大街上都会被捕去，闭置在监狱里，被控以叛国之罪，随后就永远消息杳然了。

武承嗣现在已陷于孤立。狄仁杰的第一步就是把继承大统的问题解决。武承嗣为谋求皇嗣的地位已经活动了很久。因为这是武后的周朝，是武姓的朝代。因为安金藏剖腹自杀，武承嗣企图诬害皇子旦已然失败。现在极不得意，希望已极渺茫。武后已经下有旨意赐皇子旦姓武。朝廷高级官员对武承嗣无不厌恶。自宰相乐思晦及岑长倩以下，没有一个人肯支持他的要求。他把乐思晦及岑长倩谋害之后，他又想谋害狄仁杰。幸而狄仁杰没遭他的毒手，如今依然健在。狄仁杰并不是把这件事挂在心上的人。他之反对武承嗣另有重要原因在，就因为武承嗣是姓武，不姓李。道理很明显，如果要恢复唐室，第一步就是把皇子旦或是皇子哲立为皇嗣，要立得确定，要立得分明。但是这件事却极难对武后说。曾经有位大臣李照德试过，不成功，随后由于他与武承嗣互控，在来俊臣伏诛之日，他竟被不清不白地处死了。

武后在朝政上遇见了左右为难的事情，以前从未想到过。一个女人自己要开朝立代，自己却没有子嗣继承皇位，这该如何是好呢？这件事真使她为难。就如同一个男人尽一生之力挣了田产万顷，却举目无亲，不知遗留给何人才好。此种大事，在皇家自然更为严重。武后不幸身为妇人，嫁于李家，儿子却姓李不姓武。虽然可以赐姓武，究属表面形式。皇子哲和皇子旦因系李氏骨血，总是向李不向武。武后现在不想看一看皇子哲，虽然皇子哲被幽禁外地，已经十五年没见武后。武后不想召他入京。现在有皇子旦系在她的裙带上，更确切点儿说，皇子旦是武后留在衣袋里最后的一个赌注。

还有一件不幸的事，就是武后之父只有两个孙子，即武承嗣和武三思，两人是堂兄弟。武后费尽心血想为武氏子侄开创这个朝代，但是睁眼一看他两个人，心就凉了。武承嗣精力很强，时时不安静，如此而已。没有机智，没有头脑，没有尊严。当初不应该给冯小宝做随从，为冯小宝执鞭坠镫。三思和他两个人各处乱钻，对某些人傲慢无礼，对另外一些人又逢迎谄媚——又强梁又势利，极尽欺下媚上之能事。结果，只是招惹人人唾弃。武后另有一个侄子武懿宗，虽然瘦小枯干像个稻草人，却也野心勃勃，不逊于承嗣、三思。三人现在都高官厚禄，身披紫袍。不过身披紫袍现在已不足贵。以前身为囚徒的，卖饼的小贩，目不识丁的御吏，像这些无知的小人穿紫袍的太多太多了。不论武懿宗这些武姓子侄穿什么，不论做得多么肥大，穿在身上之后，总没有帝王家的神采仪态。他们身体不够高，没有帝王家的教养，也没有聪明智慧，也没有精神气力。他们之中没有一个正式受过教育，尤其坏的是，自己聪明才智不够犹不足为大患，竟对尊重儒士，爱好书籍都不知道。武承嗣，这个一度曾假定为皇位继承人的武家长孙，就那么卑鄙龌龊，以前有人提亲，想将太平公主嫁与武承嗣，连太平公主都不肯嫁给他。太平公主的丈夫在唐室王公起兵平乱期间死去。太平公主当然要再嫁，但是她对武后另一侄子武信暨有意。可是武信暨已娶有妻室，其实这也不要紧，她一向武后表明有意嫁信暨，武后略施小计，武信暨的妻子转眼就死去了，真是神不知鬼不觉的。

现在武后觉得武三思比武承嗣更中意，于是征询大臣可否立他当皇嗣。狄仁杰与另一个大臣坚决反对。武后心里很忧虑，一时也拿不定主意。有一次，她问狄仁杰，她说做梦时常常输棋，不知何故。狄仁杰说其中颇有深意。因为棋子即“其子”之意。

狄仁杰说：“陛下输棋是因为陛下没了棋子。没有棋子，焉能不输？”

若想说服武后不立武姓子侄而立唐宗皇子，自然不是易事。这根本违反她的心意，违反她开创这个新朝代的宗旨。不过这位断案如神的狄仁杰也有惊人的口才。

狄仁杰问了一个无法辩解的问题，武后无法回答，因此获胜。正如一切大题目一样，他问的问题也是极其简单的。武后认为身后无人按时祭祀，那如何可以，这种看法也与普通老妪无何不同。狄仁杰确是把她吓着了。一天，又提到这件事，狄仁杰向武后说：

"陛下必须立亲生之子为太子，这是当然无疑的。如此，则陛下千秋万岁后，得常享宗庙，乃是身为帝王之母。若三思立宗庙，岂有侄祀姑母之理？陛下试想，侄与子孰亲？即使儿叛其父母，母子终是母子。陛下何以能保侄辈不忘其姑母呢？"

这一番话很有效。狄仁杰把朝廷祭祀之礼解释得很明确，武后自己也明白。她不忍想身后落个饥饿之鬼，无人祭祀，无人关怀。这一点武后非常重视。这是非常实际的，不是虚无缥缈的空论。在她去世之后，武氏兄弟未尝不会冷落她，甚至辱骂她，这个她也想象得到。她一向佩服狄仁杰的智慧识断。不过她还不能即刻就依从。

她回答说："这是我的家事，想想再说吧。"

狄仁杰进逼一步。他说："全国之大尽属皇室，朝廷上事无巨细，皆系皇家之事。继承大统一事虽为皇家所当虑，亦为全国人民所关心，就以臣下而论，也同样关怀。因为此事为国家之根本，必须分明决定。"至此，狄仁杰情不可抑，越发雄辩滔滔，他接下去说，"太宗皇帝亲冒烟尘，东征西战，南伐北讨，始获有天下，冒险犯难，勤劳而创立唐宗基业，传之子孙，传之先帝。先帝寝疾，诏陛下监国，陛下掩神器而取之十有余年矣。皇子哲与皇子旦为先帝之子，亦即陛下之子。依理当立皇子哲或皇子旦为太子才是。"

武后也愿意把这件费心的事清理一下。现在狄仁杰已经指出来。她自己也看到了这件事：究竟是做下一个皇帝的母亲呢，还是做下一个皇帝的姑母？哪一个更为牢靠？

武后一天又问狄仁杰说：“立哲呢？还是立旦呢？”

狄仁杰说：“当然立皇子哲，哲为长子。”狄仁杰的话总是明快果断。

皇子哲自从被废改封为庐陵王之后，已经十四年没有见武后，现在武后召他夫妇入朝。这次回来，仍保持秘密，并不公开。皇子哲已然四十几岁，此次回来，也不许与大臣相见。一般人认为皇子哲系因病回京就医。皇子哲如今已然变成一个胆小如鼠唯唯诺诺的人。他还记得童年身为皇帝之时，曾被从宝座上拉下来，随即被废。现在也不知道为何被召还朝廷，也不知道将有何事发生。

狄仁杰又进朝去，催促武后决定大计。武后还没拿定主意吗？为什么秘而不宣呢？这次迎庐陵王回朝，意思就是决定继承大统，以安民心。狄仁杰一向能说得人言听计从的。对武后则总是说母子关系非常可比。

最后，武后起了爱子之心，或者说，深信身后的祭祀之重要。于是把庐陵王从后幕唤出，向狄仁杰很亲切地说：

“我将太子还你吧！”

狄仁杰与庐陵王立即跪下谢恩。狄仁杰对武后的睿智决定备致颁扬之后，又向武后说：

“这件事不可秘不告人。”

“你说怎么办呢？”

“庐陵王之还朝，国人并没有看见。臣以为殿下夫妇可以出城去，陛下可到龙门驿正式欢迎殿下回朝。这样，全国臣民都知道陛下之子回来了。”

武后听从了狄仁杰的意见，亲自去迎接庐陵王回朝。这是在武后圣历元年三月。

庐陵王现在被立为太子。武承嗣的梦想已经破灭。再没有一个人肯去支持他。亲姑母都弃却了他。就在当年九月，武承嗣病倒，抑郁而终。

豫王旦的太子地位让与兄长庐陵王哲，改为相王，他并不生气。在次年，我和豫王旦的孩子们，其中有现今在位的皇帝明皇，奉准圣旨离开东宫，重新获得自由生活。那时我是二十七岁，当今的明皇才十四岁。我觉得像从黄金笼子中放出来的小鸟一样。我重获自由，重新看见街道，看见商店，看见街上熙来攘往的民众，应当非常兴奋非常快乐才是。可是我记得当时并不如此。好像我心里缺了点什么东西似的。过了好几年，我往日的担心害怕以及默默无言的态度才慢慢消失，才重新能过平常自然的日子。

狄仁杰像

狄仁杰劝说武则天顺应民心，还政于庐陵王李哲。狄仁杰很有知人之明，先后举荐了张柬之、姚崇等数十位忠贞廉洁、精明干练的官员，他们被武则天委以重任之后，政风为之一变，朝中出现了一股刚正之气。这些都为再造唐室、中兴李唐，奠定了良好的基础。

狄仁杰如今年老了。他已经尽了人臣的职责。武后待他可谓圣眷优隆。无论在什么地方，对他特别礼遇。武后称他不称名，不称官衔，称为“国老”。狄仁杰已然看透，唐李与武姓的纷争，仍然要继续下去；才能有个水落石出，因为武氏子侄依然大权在握。大局前途如何，他也不十分清楚。但是一件事他看得分明，就是要扭转乾坤，一定需要一个大智大勇干练果断之人。武后近年来对狄仁杰言听计从，他为国荐贤，武后无不重用。在狄仁杰眼里，大局在危急之时，忠正刚直之士并不缺少。贤良之老臣魏元忠还在朝。后一辈的清正忠毅之士不少。姚崇和宋璟便是其中之佼佼者。主要的是官员振奋，朝中已有一股刚正之气。

不过，狄仁杰的心目中尚有更为远大的打算，那就是推翻武后的周朝，要重兴李唐。他的朋友当中有些毕生的好友，遇有缓急，信实可靠。论到这样朋友，他第一先想到了张柬之。柬之当时官居荆州长史。他知道柬之沉默寡言，老成深算，又精明干练。他与柬之志同道合，以推翻武后新周重兴唐室为志。狄仁杰深知此种非常之计须要事先妥为筹划，而雄才大略之人必须身居要津，必须要深沉坚忍才成。

一天，武后问狄仁杰是否可荐一奇士担任要职。

“何等人物？”

“此人要有非常之才，有作为，能领导，要见识过人。”

“要他担当何事？”

“文要领袖群臣，武要统帅三军。”

狄仁杰回奏道：“若陛下求文章资历，今宰相苏味道李峤足矣。陛下如求有才干、有作为、真能领袖群伦的，张柬之堪当此任。”

武后问狄仁杰时，自己心目中究竟所想何事也并不清楚。于是即召张柬之为洛州司马。洛州司马职司拱卫京畿，可谓重要，狄仁杰以前也曾居此职位，武后也许是要看一看张柬之的才干。

又一天，武后又要狄仁杰荐贤。

“臣已荐过张柬之。”

“我已任用了。”

“臣荐张柬之做宰相，做司马不能尽其材。”

武后乃授柬之司刑少卿，后迁秋官侍郎，终为宰相。

狄仁杰觉得自己大去之期不远了，他可以含笑瞑目，因为他已布置妥当，人事已尽，其余将听命于天了。后来以迅雷不及掩耳的手段推翻武后重兴唐室的那些人，如张柬之、姚崇、崔玄、桓彦范、袁恕已、敬晖等人，都是狄仁杰荐与武后的。在武后久视元年，狄仁杰与张柬之密谈一番之后，遂与世长辞了。他临终时知道朝政付托得人，毫无挂虑，时年七十一岁。他知时机一到，张柬之就会起事，无须他自己动手。这就好像侦破一个谋杀奇案，狄仁杰就是那个聪明绝顶主持计划安排的大侦探，一代智慧过人的人物。

第四十二章 两个男情妇

狄仁杰去世以前，武后已经有了两个新的宠臣，一个是张易之，一个是张昌宗，兄弟二人名声狼藉，无人不知。狄仁杰自有他的办法。他把二十几岁年纪的张氏兄弟看做武后的“情妇”。武后的宠幸小人是武后的私事，他的心目中另有大事在。他是足智多谋，有时还利用女皇帝的这两个“男情妇”。实际上，他是利用这两个小人替庐陵王哲和豫王旦说话的。狄仁杰雄辩滔滔，什么人他也说得服，他对时机的观测也是无不应验。在他明察秋毫的眼光看来，也许他认为宫廷之中越腐败，对唐室之复兴越有利。多行不义必自毙。他是尽量给武后绳子，好让她自缢身死。魏元忠赋性坦直，他谏止武后亲近此等小人，如此必受其害。狄仁杰却不那么天真，不肯向武后进此等忠言。

武后现在对御医沈南璆已觉得不能满足。已经有了两个情夫，武后现在要有三个，四个，或者五个。她现在已经有了应当叫做男性的后宫佳丽。以七十五岁高龄的妇人，在此晚年之际，要纵情逸乐，并不是难于相信的事。她既然以“天册万岁”与“万岁通天”做年号，如今纵情淫乐，自然也不足怪。一个年老的帝王不管其精力能否胜任，往往以青春少女自娱，那么一个女皇帝后宫蓄有美少年，又有何不可呢？

张氏兄弟都是二十几岁，真是面如傅粉，唇若涂脂，都是杰出的美男子，张易之为兄，张昌宗为弟。一般人称易之为五郎，因为他行五；称昌宗为六郎，他行六。两人由入宫时即油头粉面，口中含有鸡舌香，可以气出若兰，六郎美得出奇，人都说他的粉脸美若莲花。有一个谄媚小人内史杨再思一次阿谀张昌宗道："人言六郎面似莲花。再思以为莲花似六郎，非六郎似莲花。"张氏兄弟虽蒙武后赐有宅第、仆役和车马，实则都居住宫中。张氏兄弟的母亲臧夫人与兵部侍郎李迥秀私通，曾特蒙武后批准，可谓"奉旨通奸"。

张昌宗最初系太平公主所发现。当时喜不自胜，不愿自秘，献于武后。武后发现女儿所说关于张昌宗的话丝毫不错。当夜封张昌宗为飞旗将军。这时张昌宗向武后这个老淫妇透露他有一个大哥，善制春药，服之使人返老还童，对床上功夫造诣极深。武后把张易之召来，试之，觉得张昌宗所说确系句句实言。张易之蒙武后宠幸不衰，必有使此老淫妇心满意足之处，而武后对张易之的妙术也非常感谢。武后真是精力过人。六十九岁时，又生了一颗智慧齿，在七十六岁时，也许是张易之回春有术，武后两眉又重新生出。其实，她若生出胡须来，也不足为奇的。

张昌宗生得迷人，张易之却干练精悍。二人之中选其一的确很难，不过倒无须乎选择——武后可以同时要两个，而且，武后与女儿太平公主正好分用两人。大和尚冯小宝与御医沈南璆现在早都被忘在九霄云外了。武后现在有青春，有美，有快乐。由现在直到她的最后一天，她始终不肯让张氏兄弟离开她眼前。没有二张武后是活不下去的。

武后与张氏兄弟之间真个有男女之私，并非这个年逾古稀的老妇的幻想，由武后的情妒便可看出来。当时宫中武后有一女臣，为武后掌诏命，颇为张昌宗所钟爱。她不是别人，正是诗人上官仪之孙女上官婉儿。当年上官仪劝高宗废却武后（见第十五章），因而死于狱中，全家没官为奴。上官婉儿实际上在宫中长大，工诗能文，由武后万岁通天元年就任武后秘书，草拟诏令（中宗时，上官婉儿曾任朝廷主考官）。不用说，上官婉儿和张昌宗双方都是眉目传情。在饮酒赌牌的桌上两人常常见面。两人调情未免过甚。一天，两人正在卿卿我我之际，竟未留意武后到了面前。武后大喊一声“好大胆！”把一把黄光闪闪的小金刀向婉儿投过去。万幸，婉儿急忙躲开了。若不是张昌宗跪下去向武后求情，事情恐怕便不堪设想。那把小刀在婉儿的前额上擦了一下，此后，婉儿总是把一绺头发垂在额前，遮住那个小疤痕。婉儿从此以后再不敢和张昌宗调情，至少在武后面前是不敢了。婉儿确不是个安分之辈，后来又把她自己的情人武三思分与中宗之后韦后共有。她和韦后这两个妇人闹得宫廷天翻地覆。

张氏兄弟转眼成了有名的人物。两人在皇宫里天天干什么呢？官居何职呢？人们自然要问。武后显然不愿意她的情夫为官职所羁绊，做什么左仆射右仆射等大臣，或职掌武库典礼等事。可是要免去人们议论纷纷，两个未经阉割的男人留在宫里要显得合理合法，必须给他俩创制新的官职。于是创设控鹤府，以张易之为控鹤府监。鹤府这个名字与麟台（大内图书馆）对得极其工稳。而且，鹤是道家成仙飞升时所乘之鸟，飞往海外仙山享受红尘外的悠闲，与天地造化共长久，此鸟亦是仙鸟，非等闲可比。若使张氏兄弟充宫内大臣，未免太俗，且职务繁重，难免案牍之劳。若与以卑小之职，掌管溺罐，未免过于分明。再者，鹤之为鸟，乃脱尽世虑，远离名缰利锁，悠闲自在清高雅洁的象征，自属可爱。但是一个官衔必有设置之用意，武后已然想出来。控鹤府乃用以为研究哲理之所。既有官衔，就必须有官吏。官吏之职务为何？其最高的职务乃研究三教，以易之为首，主编孔佛道《三教珠英》，内容以孔子、释迦牟尼、老子三氏名言为主，亦包括三教中各名哲的精言微义。全书包括三教中名篇的精华，以振聋发聩唤醒愚蒙为宗旨，并不阐述艰深之哲学。一般而论，论及人生之无常与生活的虚幻，可以使人奋发向上；也可以使生活流于放荡享乐，因为人生短促，一切确如云烟过眼。在道家，尤其要修得羽化登仙，并不企求在遥远的来世，而是就在今生现世。不论如何，在控鹤府中虽然也有几个儒士文人在内，哲理的钻研似乎并不重要。那些人的职务由他们的名称就可以看出来，他们是皇帝的"供奉"。

控鹤府里天天的事情不外是饮酒，开筵，赌博。似乎是武后要把这个控鹤府弄成一个神仙洞府。这所建筑围绕在雕梁画栋金碧辉煌的瑶光殿。武后这种骄奢淫逸狂欢取乐的生活，令人想起以荒淫亡国的隋炀帝来。在控鹤府后面便是一里长的御花园，园中有一个长方的池塘，池塘里有两个小岛，四周全是花草树木，精雕彩绘的牌坊游廊。后来又捏造出神话来，说张昌宗前生就是古代的仙人王子晋。为要把这个道家的仙梦实现在人间，张昌宗乃披鹤氅衣，戴华阳巾，手执洞箫一支，跨木鹤，周行园中，真是人人称羡。

到最后，控鹤府里满是些个美少年，这些美少年便成了武后的后宫佳丽，满足了武后的心愿。可是这个藏满美少年的控鹤府渐渐成了一个男色同性恋的天地。因为秽声四播，结果，有一个平民给武后上了一个奏折，滑稽之至，令人捧腹，为平民给帝王上书以来所未曾有。原来那人是一个青年男子，姓魏，在大庭广众之前公然声称凭他的私处之美，他有入控鹤府充当供奉的资格。这时大臣朱敬则，年已七十岁，为一刚正儒臣，当年曾弹劾来俊臣滥用刑法。现在闻听魏某出此秽言，不由大怒。以为身为大臣，不可不言，乃上书武后：

“窃以为陛下有张氏兄弟亦可以自娱矣。陛下岂以二臣为不足必欲置美少年耶？满朝之中已人言啧啧矣。窃闻有魏厚祥者，以精力过人自炫，公然自请位列宿卫，并尚有……”

武后将奏折阅后向朱敬则说：“爱卿为国勤劳，殊可嘉勉。但此事朕并不知悉！”

一般儒臣都对武后的荒淫侧目而视。宋璟为人秉性刚直，强硬不屈，一天，当面称张易之为“夫人”侮辱他。有一次，侍中韦安石在赌牌桌上，看见张氏兄弟把几个四川商人叫进皇宫赌博。韦安石大怒，以铜臭商人居然进入皇宫，实在有辱皇室尊严，将几个四川商人驱逐出宫。

自从朱敬则与武后上本之后，武后已经觉察出控鹤府的丑声外泄。她觉得应当改一下控鹤府的名称，于是索性改为“奉宸府”。她酒宴之间的时光，一半要消磨在床上。

武后荒淫的传说弄得满城风雨。庐陵王哲之子元亨现遵武后意称皇孙，对武后淫行极为憎恶。他正年轻，才二十岁光景，其姊新嫁与武承嗣之子武延基。姊弟之间难免说起武后之淫邪败行。武后后来闻听此事，大怒，以为大不敬。武后虽然年老，暴戾之气未减，反倒越发狠毒。她下令把皇孙孙女二人活活鞭挞而死，令延基自缢死。

第四十三章
其实莫须有

武后杀害孙子孙女和武延基并不能停止人们的纷纷议论，人们谈论得反而越发厉害。武后越荒淫，反对武后的力量越强大。朝中大臣现在都一齐反对张氏兄弟。张氏兄弟的堂兄弟等妄自尊大，在京都之中为非作歹，到处滋事，一如十年前疯和尚冯小宝一样。不过，只要张氏兄弟这些武后宠幸的小人在武后的后宫活动，大臣们也就不闻不问。可是张昌宗与另外两个兄弟昌仪与同休却野心越来越大，竟然干涉起朝政来。朝中儒臣目睹小人当道，以为是奇耻大辱。通衢大街之上，已经有人在墙上粘贴反对控鹤府中五郎六郎的文字。

宫廷中的丑闻散播各地，茶馆酒肆之中一传十，十传百，传播之快胜似驿马使之传递圣旨。后来《鹤府秘史》竟成了一本野史的名字。魏元忠为人刚直严正（见第三十七章），嫉恶如仇。有一次张昌宗的家仆滋事被捕，魏元忠当时官居御史大夫，下令将张昌宗的家仆当众鞭挞。张昌宗有一弟昌期在魏元忠下为辅，指使百姓犯法，因为易之昌宗有权有势，昌期任意胡为，无所忌惮。魏元忠在昌期的属员面前，把昌期斥责一番，并且阻挡昌期另调一个肥缺。元忠向武后上奏折称："臣承先帝之顾，且受陛下厚恩，不能徇忠，使小人在君侧，臣之罪也。"所称"小人"显然指张氏兄弟。

如今两党的仇恨是公然显露了。魏元忠只是一心想扫除朝廷的淫邪。他并不是张柬之与姚崇的内围人物。张昌宗先动了手。他在武后面前控告魏元忠，说魏元忠曾说武后年老，群臣应当迎庐陵王复位。这种控告当然招武后愤怒。还政权与儿子？她只要在世一天，庐陵王休想!

在武后与群小及魏元忠与支持他的那些忠臣之间，这件事成了一场重大的政争。武后认为这个控告很严重，指定大臣开庭审问，庐陵王（哲）及睿宗（旦）都奉命到场。魏元忠将被审问，自行辩护。

张昌宗曾引诱凤阁舍人张说证明曾听见魏元忠说过拥立庐陵王。张说那时官居五品，张昌宗曾答应帮忙使张说升官。张说为人聪慧，答应照办。

各大臣已会集在前厅之中，就要进入正厅了。御史中丞宋璟为人性情暴烈，这时他向张说说道：

"你若助桀为恶，陷害忠良，那太可悲。你有什么可怕呢？怕姓张的那两个巾帼妇人吗？这是我们的一场政争，为了我们大家，堂堂正正地和他争，自有天下公论支持我们。我先支持你，跟那些妇人相争，即使遭受贬谪也光荣。怕什么！"

当时有些儒臣在场，史学家刘知几也在。

刘知几说："死有重于泰山，有轻于鸿毛。你善自选择吧。"别人也劝他要反对张昌宗。张说一看大家无不反对张昌宗，不管答应没答应张昌宗，现在决定与大家合作。

魏元忠现在走进来，一脸怒气。一见张说，他说："你来反对我魏元忠，好畜生！”魏元忠一向是个奇人。

张说道：“大人何以说这种话！请相信下官，不必怀疑。”

钟声响了，话不能再说下去。大臣们鱼贯而入。

这场博学儒臣与那些无知小人之争真是有趣。武后开始问张说听见魏元忠说过什么。张说正想回答。张昌宗暗示他道：

“好，说吧！”

张说道：“回奏陛下。在陛下面前，张昌宗实在逼迫臣说他要我说的话。他在外面所作所为陛下也可想象得到了。如今在两位殿下和各位大臣之前，臣要郑重言明：臣从来没有听见侍中大人说过要拥立庐陵王反对陛下的话。那是张昌宗要臣说的。臣敢说，那种话纯系捏造，并非事实。”

张昌宗一听，不胜惊愕，不知说什么好，大怒之下，脱口而出：“张说与魏元忠本是一党，同谋造反！”

武后说：“这种控告非同儿戏，如无证据，不可乱说。”

虢国夫人游春图

绘画　张萱　唐代　辽宁省博物馆藏

本画再现了唐玄宗的宠妃杨玉环的三姊虢国夫人及其眷从盛装出游，“道路为（之）耻骇”的情形。在武则天的最后岁月，得太平公主举荐，张昌宗与其兄张易之同入侍官中，成为武则天的男宠。张氏兄弟妄自尊大，专权跋扈。朝中儒臣目睹小人当道，以为是奇耻大辱。

“我有证据。”

“什么证据？”

“有一次我听见张说向魏元忠说魏元忠是周公，或者是应当做周公。”

各大臣一听松了心，不禁哑然失笑。因为周公是圣人，是孔夫子心目中的古今完人。张昌宗本意是说魏元忠怀有野心，想做权位显赫的周公。其实周公辅成王，忠心为国，向无不臣之心，为历史上之圣人。如以人比周公，乃是表示至敬之意。

张说回答道：“张昌宗不熟读经史，真是憾事。魏大人回朝之后，臣前往致贺。以周公之尽瘁国家相勉。为大臣者不以周公为法还当效法何人呢？”

全庭大笑。张昌宗局促不安，向武后耳畔低声说了几句话。武后大怒道：“张说，你这个朝秦暮楚的小人！”于是令人将魏元忠及张说带出，改期再审。

次日，再行审问，张说供词毫无改变。现在各大臣及王公须要共同审问张说。武后的侄子武懿宗也参与审判。

魏元忠的案子成了公众关心的问题。各大臣都极力支援他。魏元忠永远是一个风波中的人物。他前次遭武后赦还重予重用时，黎民百姓大喜，盛赞武后有知人之明。如今很多大臣向武后上本，其中也有桓彦范（桓为狄仁杰向武后保荐的），各大臣一齐向武后以生命保证魏元忠的忠贞。

可是，枕边的一声低语胜过公庭上的一场雄辩。武后一向喜爱魏元忠，如今依然未变。可是不能教她的宠臣失去面子。不管魏元忠有罪无罪，她又把他贬谪出京。

魏元忠来向武后辞行。他向武后说：“臣已年迈，此番离京，恐已不能生还得见陛下。请陛下听臣忠言。将来总有一日陛下想起魏元忠，想起魏元忠的话来。”

武后蔼然问道：“为什么呢？”

这时张易之张昌宗都在殿中，魏元忠即手指二张说：“将来使陛下蒙害的必是此二小子。”

说罢向武后告别而去。

魏元忠去后，武后很感伤，说道：“元忠走了！”

但是这件事并未完结。这件事有失公正。魏元忠是以莫须有的罪名被贬出京的，只是冲撞了武后的宠臣罢了。当年朝臣被谪离京时朋友们总是在城外饯行。魏元忠出京之时，八个朋友为他饯行。张昌宗捏造了一个“蔡明”的名字上书向武后告密，说魏元忠离开京都之日，与八个朋友在京都城外一同谋反。

那几个朋友都是官卑职小，武后指定一个大理寺卿审问那八个人。并派一个官员去吩咐那个大理寺卿说：“陛下说这是一件小案子。审问一下回奏就好了。”

可是那位大理寺卿怀素并不以为这是件小案子。他不肯站在要谋害魏元忠的那一边，而且他对魏元忠是非常敬重的。因为张昌宗对那八个人控告的罪状如果成立，魏元忠很容易在外遇害，无人能够援救。武后，也许是张昌宗又传话来：“事实很明显，何以延迟如此之久。陛下已经不耐烦了。”

怀素不得已，去见武后。怀素无法找出原告“蔡明”是谁，也无法知道他的职位。

武后说：“我也不知道‘蔡明’是谁。有这封信还不够吗？”

怀素回答道：“回陛下：如不得原告审问，臣无法定案。”

武后说：“根据信里的话判就可以。不必问原告了。”

怀素说：“臣不能以一张纸为证据。因为也许根本就没有‘蔡明’这个人。没有原告，没有证据，臣不能判案。一封无名信是不足为凭的。”

武后说：“那么你就放任被告叛国贼们逍遥法外吗？”

怀素道：“臣岂敢！只是魏元忠为陛下大臣。他离京之时，朋友们显然是为他饯行。臣良心上不相信魏元忠叛国。陛下如欲将他置之死地，陛下自有此种权柄。只要下一道圣旨就行了。如果陛下要命臣以大理寺卿之职判他有罪，臣不依法律是无法判案的。”

武后问：“你意思是说依照法律他们无罪，应当释放吗？”

怀素奏道：“回陛下：臣愚钝，实在看不出那八个人身犯何罪。”

如今事实很明显，武后即便要判这位大理寺卿有罪也颇为棘手。她只好把这件案子搁置下去，以其他方法向张昌宗施以恩宠，安慰他一番便了。

魏元忠这是第三次被谪，将来还要再被重用，比以前更蒙恩眷，更受尊崇。

第四十四章
不肯牺牲情郎

武后袒护情郎张昌宗，以莫须有的罪名把魏元忠贬谪出京，朝中文武大为不满。由狄仁杰向武后推荐的侍郎大臣以及其他大臣都紧密联系起来。人心激愤，对武后反感日甚，与来俊臣当权时大不相同了。有人把张昌宗兄弟等男娼的名字在街上粘贴，把他们和武后的秽闻编作山歌小曲唱，茶馆酒肆中把张氏兄弟的名字改用做一些新制的精巧小吃的名字，把那些小吃当做茶食卖，或与西瓜子同吃。二张的名字之令人发笑，之污秽不堪，完全和当年疯和尚冯小宝的名字一样。武后对这种情形觉得很难堪。她觉得她的爪牙现在都没有用了。张昌宗的弟弟张昌期现在已富得惊人，身居巨府大第。张氏兄弟越富有，野心越大，越惹国人痛恨。一个匿名的人夜间在张昌期的府第大门上写道："看你横行到几时？"第二天早晨擦去之后，第二天夜里又照样写上，一直写了六七天，总是一句："看你横行到几时？”张昌期不耐烦了，拿笔在门上写道：“为欢一日心已足！”

现在群臣要诛除张氏二小与逼迫武后传位中宗两件事，已经合而为一。由以张柬之为首的十五个人暗中进行，将计划密而不泄，外人无从知晓。十五个人都是狄仁杰荐给武后任用的，其领袖人物为宰相张柬之，左御林卫将军敬晖，检校左御林卫将军桓彦范，司刑少卿袁恕已，凤阁侍郎崔玄。对张氏兄弟抱有反感的还有不少官员，他们并不知道张柬之等暗中进行的计划，但是也切望诛除武后身畔的奸佞。所以大势所趋，张柬之等的谋划极易获得朝中各官员的支持，造成政变最有利的气氛。

控鹤府纵然秽气熏天，只要不越出武后的私室之外，大臣们也可以忍耐不问。可是张氏群小的势力日渐猖獗，阴谋可虑。大臣们准备反击，一心一德，团结坚固，想在国法上向张昌宗找破绽。张柬之这时除暗中与心腹密谋之外，对外人一言未发。

多年以前，张柬之曾与至友杨元琰立誓恢复唐室，扫除武后（见第三十七章）。所以张柬之官居高位之后，第一件事就是任杨元琰为右御林将军。

张柬之说：“使君身当此任，并非无故。月夜江上之言当未忘怀，愿共勉力。”

杨元琰心里明白。姚崇也是狄仁杰荐任的，是张柬之一圈内的重要人物。张柬之之得任宰相，是姚崇向武后力荐的。

情势日趋危急。魏元忠之被谪是在武后长安三年。长安四年，武后就老病缠绵，与宠臣张氏二小连月在房中鬼混。宰相也不能入见。二张心中忧虑。武后驾崩之后，他俩如何是好？武后已经八十一岁。最好的雄獭补肾丸与其他返老还童剂也阻止不住岁月的消逝，她与张氏兄弟的淫荡生活也增进不了她的健康。张氏兄弟一看自已树敌已众，四面楚歌，于是竭力巩固权位，以求对抗。通衢大街上已出现招贴，说二张正图谋不轨，想篡夺皇位。

在当年七月，大臣们发现张昌宗霸占农民田地，于是想绳之以法。

张柬之任他们放手做去，因为依法控告张氏兄弟，他俩的名声将越发低落，亦必加甚国人对他俩的愤恨，武后也更难以自处。张氏兄弟身受国法自然是好，如果要像魏元忠的案子一样徇情枉法，国人闻知，与武后与张氏兄弟更不利。不论落到什么地步，对张柬之不会有害。

依照国法，为官者霸占农民田地，当罚钱免官。几个侍御史奏明张昌宗应当削去官爵。武后觉察出这件事情的政治意味。她的宠幸小人为人厌恨，她知道。可是她觉察出来，群臣向张昌宗进攻就是向自己挑战，分明是向她一步步逼近了。

在建议之时，武后说："我知道你们对张昌宗不满。我想是张昌宗手下人抢了农民的田地。不管怎么样，张昌宗对君有功，看在以往，让他保持官位吧。"

宋璟问道："他有什么功劳？"

武后向张昌宗的心腹小人宰相内史令杨再思问道："你说他有什么功劳？"

杨再思回奏道："昌宗为陛下治丹药,服后得享上寿，可算有功。"（左补阙戴合言曾赋两脚狐讽刺杨再思。）

杨再思话说得十分郑重。群臣皆窃笑。

武后道："不错,昌宗官居原职好了。"各大臣不服。鸾台侍郎韦安石与另外大臣正式上本弹劾张昌宗，武后指派两个大理寺卿审理。武后一看两个大理寺卿竟认真办起来，立刻运用手脚把韦安石和另外那个大理寺卿调开京都，弹劾案便搁置起来。

十二月，张昌宗被控罪行严重，因为他引星相家李鸿泰观吉凶，看能否有帝王之命。蓍草显示纯阳之象，表示张昌宗有帝王之命。星相家这样告诉他，并且劝他在定州兴建一座庙祈求福运。

星相家李鸿泰被捕获。审问之时，他说蓍草的确出现纯阳之象，并确言与张昌宗会见时谈论张昌宗的帝王命运。案子正式奏与武后。张昌宗也立即上书武后，把李鸿泰的话奏明。这样一来，张昌宗便可以先已自行奏明自解了。这是他自行辩护的方法。他并且设法请武后指定他自己心腹那两个大理寺卿审问。两个大理寺卿把判决书奏呈武后，上书说张昌宗确属犯罪，不过他已经先行奏明，并未隐瞒，罪应当赦免。

左台御史中丞宋璟不肯退让。他认为张昌宗谋反之意彰彰明甚，他向武后上本，为什么张昌宗不早奏明武后，要到案发之后才奏闻？他请逮捕张昌宗交他审问。

武后不悦，把宋璟的奏本搁置起来。宋璟又上本。他说："此种大逆罪行如不究治，何以塞国人之口？"

武后仍想拖延。她说：

"这件案子要郑重办理。等一等。我要亲自阅卷。"

武后不想把情郎牺牲掉。群臣要食其肉而寝其皮，她知道。宋璟顽强不屈像个骡子，和魏元忠一样。武后命令宋璟往扬州去调查一宗案件，这和以前调开韦安石的手段是一样的。可是宋璟以京都官职重要，拒不肯往。武后又下诏命他往幽州，他仍不肯去。他对武后说：

"臣有职在京，无法受君命。依法御史中丞无大事不外使，如调查案件，亦必案件中涉及品级较高之地方官员，如属品级较低者，亦必为监考御史。今无大事，臣不能前往。"

这件事又悬而不决。武后不肯把张昌宗交出，张昌宗在宫中，自然平安无事。大臣等纷纷上本力争。桓彦范奏道："张昌宗已两犯国法，至今逍遥法外。请付三司考治。如不绳之以法，何不释放天下囚犯？此案有关国家法统，岂可轻忽。"

御史台既无法鞫讯被告，即依据算命者之供词与张昌宗向武后呈递的自白书判案，结果判决张昌宗为逆臣，依法当诛。手持御史台之判决书，宋璟又进宫见武后，请武后将被告张昌宗交出。

宋璟奏道："这是侍御史的判决，请陛下将被告交出审问。"

武后道："他已先向我陈明，可见他并非不忠。"

宋璟道："他向陛下陈明系在案件到御史台之后。如果案子不到御史台，他一定还缄口不言。这也不是一经招认便可赦免的罪。并且招认并不是自甘情愿的。如果陛下宠臣身犯国法而独赦免，国法之尊严势将扫地无存矣。"

武后要安抚宋璟，心想可以劝服这位御史大夫将张昌宗放过。于是对宋璟说：

"你再思索一下好吗？"

宋璟道："臣知已开罪陛下。然激于大义，虽死不悔。"

在君臣僵持之下，两脚狐宰相杨再思存心徧袒武后，他说："让陛下明断好了。你下去吧。"

武后真是左右为难。过于分明蔑视国法她也不愿意。她唯一的一条妙计就是重新玩当年救大方丈冯小宝的把戏。

武后把张昌宗派往御史台去了。宋璟一看大功已成，于是进行审问。还没问几句，武后派来了一个特使，持有上谕，把张昌宗立即召回皇宫去了。

宋璟低声说道："糟了！悔不该不一见面就把此贼鞭死。又放他走了！"

这是又一次正义扫地。由于老淫妇荒淫无耻，任情枉法，又使淫贼逃出法网。老淫妇之玩忽国法纵容奸恶已昭然若揭。张氏兄弟为恶之多已死有余辜，而今日仍在武后卵翼下为非作歹，在人世享受荣华富贵，而多少忠直刚正的大臣却因为莫须有的罪名惨死于地下了。

大臣已忍无可忍。张氏兄弟必须铲除，不论什么方法，有效就好。张柬之要动手了。

第四十五章

精彩的半小时政变

现在武后病重，一整个腊月里不见起色，张昌宗的案子还拖延着。新年过后，武后病况加重。大臣概不延见，亲子亦不得见面。只有张易之张昌宗兄弟二人常在床侧。

张柬之决定起事。宫廷中的淫秽无人不知，无人不唾骂，所以张柬之的行动容易得到人支持。张柬之已任杨元琰为右羽林卫将军。宫廷卫士及京都卫戍兵力各有数队，步兵骑兵俱有。大略来说，所谓南卫专掌京城巡警，保持京城之治安；北卫专司保卫皇城，皇城内除皇宫之外，有朝廷各官衙。南北卫又分为若干部，由六个上将军统领。其中以左羽林卫大将军李多祚最为重要。张柬之曾向李多祚下说辞，进行得秘密而慎重。柬之以身为唐臣当报皇帝知遇之恩为辞。李多祚为人刚正，毅然参与平乱，在张柬之府中对天盟誓，光复大唐。

随后，张柬之又任命三个密友为羽林卫上将军。姚崇本为张柬之知交，正为官在外，任灵武道大总管，因张柬之派人往请，刚自百里之外赶来京师。

张柬之听见姚崇到来，喜道："一切完备了。"遂把计划向姚崇说明。

政变预定在正月二十二日举行，正是武后从御史台把张昌宗召回宫去一月之后。一切细目俱已安排妥当。南北卫羽林军预定同时起事。南卫兵力要包围张昌宗的家丁，控制其财产府第；北卫有一千骑兵，五百步兵，要包围皇宫，要迫使武后让位。

武后长安元年正月二十二日清晨，皇宫北门外的禁卫军集合于一处。张柬之、桓彦范、李多祚以及其他重要人物都在场，其中也有中宗（哲）的女婿王同皎。

左羽林卫大将军李多祚与王同皎先进去见中宗。这场政变必须有中宗出面，因为政变的目的便是使中宗复位的。他事前并不知道。李多祚向他说明来意，他在惶惑与几分恐惧之下，竟不知所措，不知说什么话才好。

李多祚按捺不住，说道："今天是非常之日。陛下知道臣等要做什么吗？臣等要恢复唐室，要恢复太宗皇帝的天下！臣等为正义不惜掷头颅，流热血。陛下只须出面领导臣等就行了。"

中宗仍然犹豫，心里有点发抖，说道："我知道张氏兄弟罪有应得。可是母后重病在身……而且这也太出乎意料……"

李多祚道："陛下只要出去告诉众官员陛下不反对就行了。如果大功不成，臣等就全家灭门了。"如果中宗要拒绝，众官员一定要伴随他引兵靖乱，要把他推到宝座上。

王同皎也请求道："陛下，此事势在必行，不容犹豫。官兵就在门外，立刻就进宫保陛下重登大宝。今日之事如不成功，陛下岂能自保。"

中宗在迟疑不决之下，由众人扶上马，他心中还不知是去登皇位呢，还是去就死。

太子之东宫与北门有一花园相连。中宗一露面，张柬之等人才松了一口气。

众人一进宫门，依照预定计划分往各方向走去，李多祚带兵直奔武后住的迎仙院。

张易之与张昌宗听见人声喧哗，出来一看，知道出了意外。卫士甲胄鲜明，绕过池塘整队而入。一队精锐兵士一直开向武后住室。过了池塘，即向走廊下拥进。张易之张昌宗一被看见，即被认出。二人知道末路已至，拔腿就跑。众兵士奉命追捕，于是大喊一声，拔刀追赶。说时迟，那时快，众兵士早把二张围住，抓住，把擦胭脂抹粉的两个少年头砍了下来。

在两百多步前面就是迎仙院，迎仙院半在花树掩映之中，由南面的迎仙门牌坊下一条路通往里面。在迎仙院的集仙厅，武后正睡在床上。

李多祚将军进入院中，命令一切侍卫人等通通退出。张柬之等进去。

武后问道："为什么这么吵闹？你们怎么这么大胆，敢进里面来？"声调仍然是命令式的。

张柬之说道："请陛下恕罪。张易之张昌宗犯有叛国之罪，臣等特来诛除。他俩已经伏诛。未能事先奏闻，深为遗憾。"

武后一眼看见儿子中宗。大声叱道：

"也有你！赶快回去。他俩已死，你也该称心了。"

桓彦范迈步上前道："臣斗胆冲犯陛下，太子不能回去。先帝以太子付与陛下。陛下早当将皇位传与太子。今求陛下退位，太子登基。"

听到这些话，武后非常镇静，把站在前面的一排官员逐一看了一看。说道：

"怎么，李湛，还有你！你和你父亲（李义府）曾受我厚恩。还有你，崔玄。我亲自提拔的你。我真想不到！你们一群叛徒！一群猪狗！”武后自己仍然像大权在握似的。

崔玄道：“陛下，臣等都感戴陛下的深恩厚德。陛下自然知道，臣等今日所为正是酬答陛下的德意。”

由于张柬之谋划周密，不过半小时，一切行动即已毕事。张柬之等领导人物离去，留下李湛看守武后，几个武官把张氏兄弟二人的头带了出去。

张昌宗张易之的党羽都被悄然围捕了，他俩的其他弟兄也已被捕。昌宗易之的头不久便悬在皇宫前天津桥上，人山人海般的人群挤来看张昌宗的亲兄弟及堂兄弟出斩。

次日，正月二十三日中宗以皇太子监国，二十四日武后正式让位。睿宗旦为相王。唐室王公子孙都被蒙赦回朝，恢复原来爵位。由来俊臣周兴放逐的朝臣及家族都被赦回乡，只有周兴等刽子手的家族未被赦免。

正月二十七日，武后在护卫之下移居城内西部御花园内的住所。中宗每十日必往谒武后问安，像以前一样恭敬。武后日夜有人看守。日子一天天过，武后觉得还不如政变时死了倒幸福。

武后这个暴虐专横的妇人，现在是在她一生里第一次觉得没有权力了——被人击败了。李湛现在仍然

乾陵无字碑

乾陵是唐高宗李治和武则天的合葬陵。武则天的无字碑在乾陵司马道东侧，与述圣纪碑相对，奇崛瑰丽，巍峨壮观。自秦汉以来，帝王将相无不希望死后能树碑立传，中国历史上唯一一位女皇帝的石碑却没有刻一个字。这块“无字碑”也就成为多少年来人们猜测、探究却莫衷一是的“千古之谜”。

看守着她，真像对犯人一样。她的威严扫地无余了。她孤独了。她的情郎死了。她甚至连自己的女儿太平公主也无法看见。太平公主事实上已经背弃她而倒在中宗那边去。更坏的是，她那孝顺的儿子中宗常来告诉她些朝廷的新措施。她听来，这些新措施就犹如她一桩桩战败的消息。她的朝代周废除了，她的计划，她的苦心进行的事情都成了泡影。假使她而今还是年纪轻，精力足，假如她若能够起身下床，她会知道怎么对付由她亲手培植起来而现在以怨报德的那些无赖们。

对她的打击接二连三地到来。在二月一日，官方举行唐朝光复的仪式。所有旗帜、徽章、官衔、官衙名称，都恢复高宗初年的原样。武后的故乡山西并州，在武后执政后曾改名为“北都”，这个名称也取消了。洛阳曾由武后改名为“神都”，如今又恢复为东都旧名。

魏元忠曾因张昌宗贬谪出京，因众望所归，又由中宗召回朝廷为侍中，后又为中书令。武后如今想起魏元忠临出京时向武后说过：“将来使陛下蒙害的必是此二小子。将来总有一天陛下想起魏元忠，想起魏元忠的话来！”

但是最坏的消息还没到来呢。在三月，王皇后与萧淑妃的后人奉旨废去了武后给予的恶姓“蟒”与“枭”，恢复本姓。更坏的是，在五月，武后的祖庙被剥夺了“太庙”的名称，武后的祖先的爵位也被剥夺了！这是现世现报。佛爷是真灵验！武后竟亲眼看到！

王皇后萧淑妃后人恢复旧姓的消息传来，武后不由得想起了青春年代的旧事。那些冤鬼又重新出现在她的良心上。她若和那些冤鬼在地下相见，是不是应当说她已饶恕她们？说愿与她们和好呢？可是她是弥勒佛呀！她教人为她念《大云经》，她耳畔那悦耳的经声悠扬而平静，她听了觉得舒服点儿。这经声使她回忆起与大和尚冯小宝消磨的那些岁月。她确是可以说她是快活了一辈子，没有第二个女人享过那么大的福。她愚弄了多少人呀！她一想就大笑起来。她深信她是有天地万物以来人世上最出奇、最有威权的女人。不管以后入地狱也罢，上天堂也罢，她仍然是最出色、最伟大的人物。一件事她是十分有把握的，那就是武则天的名字是会传之千古的。

在中宗神龙元年十一月，武后在富贵豪华的软禁之中死去,享年八十二岁。因为武后很重视身后的祭祀，所以在遗言里说后人要以“皇后”的身份祭祀她，不要把她看做“皇帝”,看做她亲爱的丈夫高宗的贤妻（我想高宗一想到与她再度团圆会不寒而栗的)。在她的遗言里，她饶恕了王皇后、萧淑妃、褚遂良、韩瑗，以及王皇后的舅父柳奭。这样，她往阴间去的路上不至于太不顺利，不至于太难为情。

中国历史上这个最骄奢淫逸，最虚荣自私，最刚愎自用，名声坏到极点的皇后的一生，就这样结束了。她死了，她所作的恶却遗留于身后。后来经过中宗、睿宗、玄宗，把武后族人消灭之后，本书的最后一章才算结束。

武后谋杀表一

（武后近族）

号码	时间	姓名	关系	方法	家人污名
1	655年冬	女婴	女	掐死	
2	655年冬	王皇后	后	割裂	流放，改姓蟒
3	655年冬	萧淑妃	妃	割裂	流放，改姓枭
4	655年	韩国夫人	姊	毒杀	改姓蝮
5	666年8月	魏国夫人	甥女	毒杀	改姓蝮
6	675年4月	太子弘	子	毒杀	二子杖死
7	684年3月	皇子贤	子	判罪	葬如庶人
8	664年12月	燕王忠	后子	判罪	七子杀，幼子流放，改姓虺
9	690年7月	泽王上金	后子	判罪	九子杀，幼子流放，改姓虺
10	690年7月	许王素节	后子	判罪	
11	679年	裴妃	儿媳	虐待死（太子弘妻）	
12	675年4月	周妃	儿媳	饿死（皇子哲妻）	
13	693年正月	刘妃	儿媳	谋杀（太子旦妻）	
14	693年正月	窦妃	儿媳	谋杀（太子旦妻）	
15	656年	元庆	后兄	判罪	改姓蝮
16	656年	元爽	后兄	判罪	改姓蝮
17	666年8月	惟良	堂弟	阴谋	改姓蝮
18	666年8月	怀运	堂弟	阴谋	改姓蝮
19	701年9月	元亨	孙	鞭死（见四十二章）	
20	701年9月	永泰公主	孙女	鞭死（见四十二章）	
21	701年9月	延基	重外甥	判罪（永泰公主之夫）	
22	683年	玉吉妻	甥妻	谋杀（见四十一章）	
23	683年9月	长乐公主	姑母	判罪	

武后谋杀表二

（李唐宗室）

号　码	时　　间	姓　　名	关　　系	家人污名
1	688 年 8 月	琅琊王冲	越王贞之子	灭门
2	688 年 9 月	韩王元嘉	太宗之弟	灭门
3	688 年 9 月	鲁王灵夔	太宗之弟	三孙存
4	688 年 9 月	越王贞	高宗弟	灭门
5	688 年 9 月	上党公申	韩王元嘉子	灭门
6	688 年 9 月	黄国公韩	王元嘉子	灭门
7	688 年 9 月	武陵公谊	韩王元嘉子	灭门
8	688 年 9 月	范阳王蔼	鲁王灵夔子	三子存
9	688 年 9 月	东莞郡公融	虢王凤之子	一子存
10	688 年 9 月	常山王乾	越王贞弟	灭门
11	688 年 9 月	霍王元轨	太宗弟	灭门
12	688 年 9 月	江都王绪	霍王元轨子	一子存
13	688 年 9 月	零陵郡王俊	高宗弟曹王明之子	灭门
14	689 年 4 月	黎国公杰	曹王明之子	一子存
15	689 年 4 月	汝南郡王玮	蒋王恽之子	一子存
16	689 年 4 月	鄱阳公道	王元庆之子	一子存
17	689 年 4 月	广汉公谧	道王元庆之子	一侄存
18	689 年 4 月	汶山公蓁	徐康王元礼子	灭门
19	689 年 4 月	广都郡公畴	蜀王愔之子	
20	689 年 4 月	蜀王蟠	蜀王愔之子	灭门
21	689 年 7 月	纪王慎	太宗子	重孙存
22	689 年 9 月	（无衔）象厥	恒山王承乾之子	一子存
23	689 年 10 月	郑王璥	郑王元懿子	二子存
24	689 年 10 月	六子	滕王元婴子	灭门
25	689 年 12 月	义阳王琮	纪王慎之子	二子存
26	689 年 12 月	楚国公叡	纪王慎之子	灭门
27	689 年 12 月	襄郡公秀	纪王慎之子	灭门
28	689 年 12 月	广化郡公献	纪王慎之子	灭门
29	689 年 12 月	建平郡公钦	纪王慎之子	灭门
30	690 年 7 月	舒王元名	高祖子	灭门
31	690 年 7 月	豫章王亶	舒王元名子	一子存
32	690 年 8 月	南安王颍	密王元晓子	一子存
33	690 年 8 月	郿国公昭	舒王元名之子	灭门
34	690 年 8 月	另十二人	唐室远亲	

武后谋杀表三

（文武大臣）

号码	时间	姓名	官职	附注
1	658年11月	褚遂良	左仆射	与二子远谪
2	659年7月	韩瑗	侍中	流放中死
3	660年4月	长孙无忌	太尉	子、弟、兄皆流放
4	664年12月	上官仪	中书侍郎	子处死，其他为奴
5	684年10月	裴炎	中书令	弟兄流放
6	684年10月	程务挺	将军	突厥族之克星
7	684年10月	王方翼	将军	王皇后亲戚
8	687年4月	刘祎之	中书侍郎	
9	688年12月	骞味道	御史大夫	
10	689年4月	邓玄挺	吏部侍郎	
11	689年8月	张光辅	中书令	688年平乱有功
12	689年9月	魏玄同	门下省侍中	
13	689年9月	崔詧	兵部侍郎	
14	689年10月	黑齿常之	将军	
15	689年10月	赵怀节	将军	
16	689年10月	李光谊	将军	
17	690年1月	韦方质	门下省侍中	1月流放，10月死
18	690年1月	王本立	户部侍郎	
19	690年5月	范履冰	礼部侍郎	
20	690年5月	李孝逸	将军	684年平徐敬业乱
21	690年8月	张楚金	刑部侍郎	
22	690年8月	阿史那惠	将军	突厥人
23	590年8月	张行廉	尚书右丞	
24	590年8月	裴居道	太子少保	太子弘之裴妃父
25	690年10月	宗楚客	检校内史	武氏周朝功臣
26	690年11月	史务滋	侍中	
27	690年11月	丘神勣	将军	688年平乱有功
28	691年8月	张虔勗	将军	
29	691年9月	傅游艺	门下侍郎	武氏周朝功臣
30	691年10月	欧阳通	纳言	
31	691年10月	岑长倩	内史	
32	691年10月	乐思晦	门下侍郎	
33	691年10月	格辅元	户部侍郎	
34	691年10月	李安静	右卫将军	
35	691年10月	泉献诚	将军	
36	697年1月	李昭德	凤阁侍郎	

初唐世系略表

（括号中数字指在位年代）

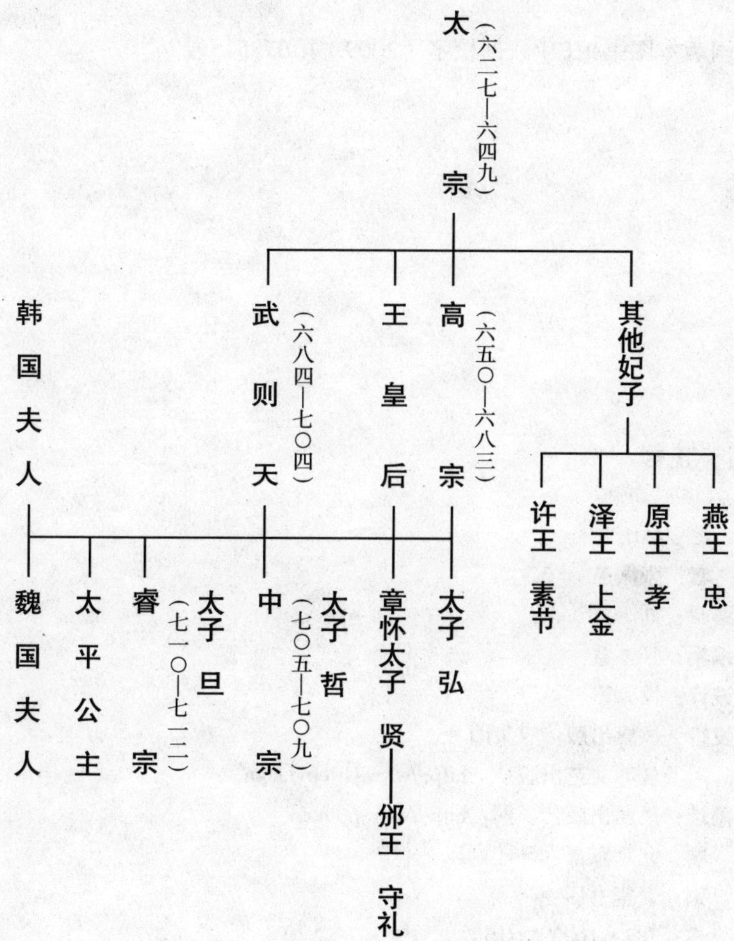

图书在版编目（CIP）数据

武则天正传 / 林语堂著.—南京：江苏文艺出版社，2009.6
ISBN 978-7-5399-3240-8

Ⅰ.武… Ⅱ.林… Ⅲ.武则天（624~705）—传记 Ⅳ.K827-42

中国版本图书馆CIP数据核字（2009）第072515号

武则天正传

著　　者：林语堂
译　　者：张振玉
责任编辑：刘　霁
特约编辑：张　益
版式设计：风　筝
出版发行：凤凰出版传媒集团
江苏文艺出版社　http://www.jswenyi.com
集团网址：凤凰出版传媒网　http://www.ppm.cn
印　　刷：北京京都六环印刷厂
经　　销：新华书店
开　　本：787×1092　1/16
字　　数：156千字
印　　张：14.5
2009年9月第1版
2010年5月第2版第2次印刷
书　　号：ISBN 978-7-5399-3240-8
定　　价：24.80元
（江苏文艺版图书凡印刷、装订错误可随时向承印厂调换）